PRACTICAL ASPECTS OF LEARNING GOLF

골프의 기본

이론과 실제

김현덕 • 박남환 • 신홍범 공저

녹 문 당

머리말 Preface

한국 골프선수들이 미국 PGA와 LPGA대회에서 우승의 승전보를 알림과 동시에 특정 계층의 스포츠로만 인식되던 골프는 국민들의 생활수준 향상과 일상의 스트레스에서 벗어나 여가생활을 즐기려는 사람들이 점점 늘어나면서 국민스포츠로 자리매김 하였고 지금 이 시간에도 세계적인 골퍼가 되기 위해서 많은 중 · 고등학교 그리고 대학교 학생들이 골프장에서 연습을 통해 어떻게 하면 더 좋은 스윙을 할까 고민하고 있을 것입니다.

이에 필자는 골프 스윙에 고민하고 있는 많은 학생들에게 올바른 골프스윙에서 꼭 필요한 그립잡기, 어드레스, 백스윙, 다운스윙, 임팩트, 팔로우 스윙 등의 골프기술들을 사진과 함께 쉽고 자세하게 설명하고 있다.

또한 이 책을 통해 단순히 골프 스윙의 기술적인 부분만 습득하는 것이 아니라, 한국이 "골프 선진국" 이란 칭호에 걸맞은 진정한 골퍼가 되기 위해 골프장에서 지켜야할 골프 룰과 에티켓에 관한 전반적인 이론 지식에 관하여서도 자세히 설명하고 있다.

이와 같이, 많은 학생들이 이 책을 통해 골프 스윙에 관한 궁금증도 해결하고 더 나아가 골프 경기 중에 발생할 수 있는 여러 가지 문제 상황에 대처할 수 있는 골프 룰 과 에티켓을 익히고 트러블샷 같은 골프기술향상에도 도움이 되길 바란다.

마지막으로 성공적인 미래를 준비하는 학생들에게 이 책이 조금이나마 도움이 되길 바라고 부족한 지식과 경력에도 불구하고 이 책이 나오기까지 애써주신 모든 분들에게 감사드립니다.

차 례 Contens

골프의 기원 및 한국골프의 역사

1

골프는 다른 운동과 달리 그 창시자나 기원에 대한 정확한 기록이 문헌으로 기록돼 있지 않다. 현재 일반적으로 널리 알려진 골프 기원설은 스코틀랜드 지방에서 양을 기르던 목동들이 끝이 구부러진 나뭇가지로 돌멩이를 날리는 민속놀이가 구기로 발전했다는 설과 기원전 네덜란드에서 어린이들이 실내에서 즐겨하던 콜프(kolf)라는 경기에서 비롯되었다는 설이 있다. 또한 중국 감숙성(甘肅省)의 한 사범대학 체육학부 교수인 링홍링(凌弘嶸)은 호주의 한 학회지에 "골프의 원조는 중국"이라는 글을 발표해 관심을 끌기도 했다. 그가 이러한 주장을 편 근거로는 지금까지 공인된 골프에 관한 가장 오래된 기록은 1457년에 스코틀랜드의 왕이었던 제임스 2세가 국민들이 골프에 너무 몰두해 영국과의 전쟁에서 국가방위에 필요한 무예연습과 신앙생활을 게을리 했기 때문에 '모든 국민들에게 골프를 금지한다' 는 국회기록인데 비해 현재 중국에 남아 있는 골프에 대한 기록은 이보다 무려 514년이나 앞선다는 사실이다.

1 스코틀랜드 기원설

스코틀랜드의 양치기 소년들이 양떼를 돌보면서 스틱으로 돌을 쳐서 들토끼 구멍에 넣으며 즐기던 것이 골프의 시초됐다는 설이다.

'골프(Golf)' 란 스코틀랜드의 오래된 언어로 '치다' 인 '고프(Gouft)' 가 그 어원이다. 스코틀랜드 북방쪽 해안에는 링크스(Links)라고 불리는 기복이 많은 초원이 있었는데 이 곳의 멋진 잔디와 잡목이 우거진 작은 언덕으로 이어진 지형은 골프코스로 최적지였

제임스 2세

다. 더욱이 이곳은 공유지여서 서민들이 자유롭게 이용할 수 있었다. 또한 이곳에는 들토끼가 많이 서식해 그들이 잔디를 깎아 먹어 평탄하게 된 곳을 그린(Green)이라고 불렀고, 양떼들이 밟아 평탄해진 그린과 그린사이의 넓은 길을 페어웨이(Fair way)라고 불렀다. 이때의 그린이 바로 오늘날 퍼팅그린이 됐고, 양떼의 길은 페어웨이가 됐다.

클럽, 즉 롱노이즈 등을 만드는데 쓰이는 재료인 나목들이 스코틀랜드 지방에서 생산되었다는 점도 스코틀랜드 골프 기원설의 증거가 되고 있다. 스코틀랜드에 러시아나 캐나다에서 히코리목이 수입돼 클럽의 샤프트로 쓰였으며 높은 가공기술을 보유한 클럽제조 직공들도 많이 나왔다. 당시 스코틀랜드는 잉글랜드와 교전상태에 있어 활 등

무기를 만드는 직공들이 골프클럽도 만들어 많은 부수입을 올렸다고 한다. 한편 이들은 클럽의 헤드에 무게를 더하기 위해 납을 넣는 기술을 개발했다. 또 볼을 맞히는 클럽헤드의 페이스 면을 보호하기 위해 양의 뿔을 깎아 만든 인서트를 끼웠다고 한다.

이러한 목동들의 놀이는 처음에는 서민들의 놀이로 성행했다가 제임스 2세에 의해 일시적으로 골프금지령이 내려진 후로는 서민들이 할 수 없으므로 자연히 특권층인 왕족만이 할 수 있게 돼 오히려 나중에는 아예 궁중 안으로 들어가 왕족들의 경기로 바뀌게 됐다. 여러 차례 금지령과 해제의 과정을 거듭하다가 국민 있권리가 점차 인정되면서 서민도 골프를 즐길 수 있게 됐는데 가장 획기적인 전환점을 마련한 사람은 스코틀랜드의 왕인 제임스 4세로서 1520년에 퍼스(perth)에 활 제작자에게 골프채 한 세트와 공을 구입해 골프를 하게 된 것이다.

한편 1567년에는 스코틀랜드 메리여왕이 그녀의 남편인 찰리경이 죽자마자 시튼하우스에서 골프를 해 세상을 놀라게 하기도 했다. 그리고 1592년 당시 리스(leith)에서는 일요일에 골프를 하는 것이 금지됐음에도 불구하고 세인트앤드류스의 대주교는 지역주민에게 일요일에 골프를 하는 것을 허락하기도 했다.

② 네덜란드 기원설

네덜란드 지방의 어린아이들이 실내에서 즐겨하던 코르프(kolf)라는 경기에서 비롯됐다는 설이다. 13세기 무렵, 네덜란드에서 즐기고 있던 코르(chole)라는 빙상경기가 당시 양모를 중심으로 교역이 활발했던 스코틀랜드에 건너가서 그것이 골프(golf)로 발전됐다는 설이다. 바로 이러한 사실은 골프가 발전한 지역을 역추적해 보면 명확히 알 수 있다. 당시 네덜란드는 스코틀랜드 동해안의 남쪽에서부터 북쪽에 걸친 광범위한 지역과 빈번한 교역이 이뤄졌다. 그 대표적인 항구로는 던바, 노스베리크, 매셀버러, 리스, 세인트앤드류스, 도너크, 에든버러, 뮤어필드 등을 들 수 있다. 그리고 이 해당도시들에는 공통적으로 전통 깊은 골프장이나 컨트리클럽이 있다.

그러나 이처럼 해상무역을 통해 스코틀랜드로 건너간 네덜란드의 골프가 그 발상지인 네덜란드에선 쇠퇴하고 오히려 스코틀랜드에서 번창하게 된 이유는 당시 스코틀랜드에는 모래언덕, 산토끼, 양, 갈매기 등과 같이 골프장을 만들어 가는데 필요한 자연조건을 풍부히 갖추고 있었으며 골프채(롱노이즈)의 원재료가 되는 나무도 스코틀랜드에 풍부했기 때문이다. 이런 이유로 네덜란드에서는 15세기에 모습이 사라져 버린 골프가 스코틀랜드에서는 크게 발전했던 것이다.

한편 1296년 네덜란드의 런넨이라는 도시에서는 코르를 빙상이 아닌 교회의 뒤뜰이나 수확이 끝난 도로 등에 4홀 규모로 경기장을 마련해 놓고 행하기도 했다.

위에서 말하는 코르는 롱노이즈라는 나무로 만든 스틱으로 코르크 모양의 볼을 치며 승부를 겨루던 경기이다. 경기방식은 빙상에서 할 경우 얼음구멍에 볼을 넣거나 볼을 말뚝에 맞히든가 해서 승부를 겨루던 것이다. 그러나 빙상이 아닌 육지에서 겨룰 때는 구멍을 파고 거기에 볼을 쳐 넣는 비교적으로 단순한 게임이었다. 이는 당시의 교회 그림에도 남아있다.

③ 중국 기원설

본래 중국에서는 골프를 '츠이완' 이라 불렀는데, 이미 943년에 간행된 남당(南唐)의 사서(史書)에 이 사실이 쓰여 있다는 주장이다. 12세기부터 15세기 사이에 중국에서는 당시 성행하던 추환을 위해 '환경(丸經)' 이라는 골프규정집이 만들어지기도 했다. 볼은 단단한 나무의 공이를 깎아 '권(權)' 이라 불렀으며, 클럽은 '구봉(毬棒)' 이라고 했다. 그래서 제1타는 '초봉(初棒)' 제2타는 '이봉(二棒)' 이라고 했다. 그 룰에 의하면, 초봉은 오늘날 티 위에 볼을 올려놓고 칠 수 있는 것처럼 볼을 안정시킬 수 있다고 나와 있다. 그런데 이봉 이후는 있는 그대로의 상태에서 샷을 해야 되고, 홀 아웃 할 때까지 절대로 공에 손을 댈 수 없도록 했다. 환경(丸經)에 기록된 바에 따르면 골프경기자들은 서로 예의를 존중하고 상대방의 입장에서 플레이를 생각할 정도로 예전부터 신사의 경기였다고 한다. 한편 원(元)나라 때 그려진 '추환도벽화(推丸圖壁畵)' 에도 오늘날 골프 형태의 경기를 하는 모습이 나타나 있다. 들판에 그다지 높지 않은 작은 언덕이 있고, 그 사이로 해저드에 해당하는 냇물이 흐르는 가운데 네 명의 사나이가 경기를 펼치고 있는 장면의 그림이라고 한다.

또한 명대(明代)에 그려진 '선종행락도(宣宗行樂圖)' 라는 그림에는 이와 같은 사실을 더욱 확실하게 입증한다. 건장한 체구의 선종(宣宗)이 양손에 클럽을 쥔 채 몇 번 채로 샷을 할까 망설이며 전방을 응시하고 있다. 길 한복판에 심어진 나무들은 줄기의 중

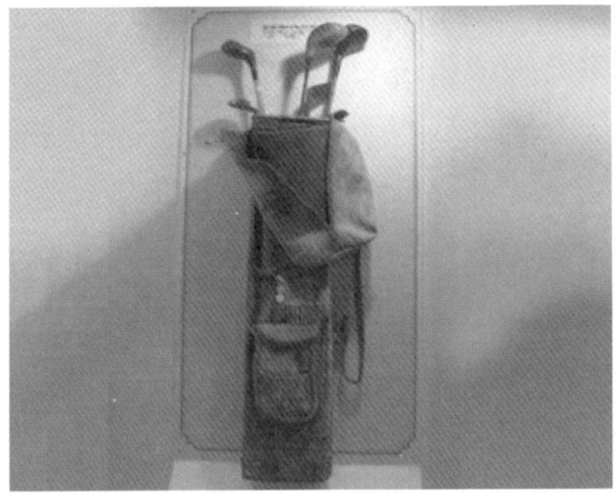

〈한국골프학회 자료 제공〉

간에서 인위적으로 굽혀져 마치 창문처럼 둥근 공간을 이루는데 그 높이는 지상 10미터 가량에 위치한다. 한 타로써 그 공간으로 공을 날릴 모양이다. 이 그림의 한 쪽 구석에는 클럽을 들고 달려오는 캐디, 구동(球童)의 모습도 보인다. '추환' 은 본래 중국대륙에서 행해진 '보타구(步打球)' 라는 경기가 발전한 것이라고 한다. 그것이 언제부터 시작되었는가는 분명하지 않지만, 943년까지는 문헌으로 고증되고 있다.

④ 한국골프의 역사

한국에 골프가 소개된 시기는 1880년에서 1905년 정도로 추정된다. 당시 원산의 세관안에 있던 영국인들이 6홀의 골프 코스를 만들고 골프를 즐겼다고 되어있다. 그 후 1921년 1월 조선호텔에서 고객유치수단으로 골프코스 설치를 계획하고 지금의 서울 효창공원자리에 경성골프 구락부를 개장하였다. 그러나 이 골프장은 1923년 공원지정으로 인해 폐장되고 말았다. 이후 청량리 골프코스가 1924년 개장하였고 본격적으로 한국 골프가 궤도에 들어선 것은 1929년 군자리(오늘날 어린이 대공원 위치)골프장이 개장되면서 부터이다. 군자리 골프코스는 원래 왕실의 능 자리였으나 영친왕인 이은공이 무상으로 임대해주고 골프장 건설비로 거액을 하사함으로서 완벽한 시공을 하게 되었다. 그 후 1964년 한양컨트리클럽과 1966년 태릉컨트리클럽이 개장되면서 한국 골프는 견고한 뿌리를 내리게 되었다.

1) 초창기

① 국내 골프의 도입

처음 우리나라에 골프가 도입된 것은 1880년대 영국인에 의해서였다. 1880년, 원산항이 개항되자, 영국인들이 중국의 세관업무를 담당하게 되었다. 1880년부터 1905년 사이의 기간 동안에 최초의 원산 골프 코스가 영국인들에 의해서 만들어졌다고 전해지고 있다.

당시 세계 각지에 진출해 있던 영국인들의 생활 풍습상 거주하던 곳마다 반드시 골프 코스를 두었던 점을 감안 한다면 위의 역사는 타당성을 갖고 있다고 여겨진다. 한국과 일본의 골프역사의 시발점을 만들었던 영국인이 당시 한국의 관세징수사무를 맡게 된 과정을 확인하고 싶다면 일본관세협회 발행의「세관백년사」를 방증자료로 제시 할 수 있을 것이며, 내용은 다음과 같다.

"1880년 원산항이 개항되었고 관세징수사무를 청국에 위촉하였으나 당시 청국의 세관업무는 영국인을 중심으로 외국인들에 의해 운영되고 있었다." 조선골프소사(朝鮮골프小史)에 의하면 「구한국 정부시대에 외국인들이 개항도시인 원산의 세관 구내에 6홀의 골프코스를 건설했었다」고 전해지고 있는데, 이것은 이곳 세관특구 주변에 거주하고 있던 마을 노인들로부터 구전되었을 뿐이며, 또한 원산근교의 외인촌과 황해도 구미포에서 위와 비슷한 골프코스가 존재했지만 한국인의 출입뿐만 아니라 일본인까지도 출입이 통제 되었다고 한다.

그 후 원산이 시세의 확장에 따라 시가지 광장건설을 하게 되어 주택을 철거하던 중, 영국인이 살던 집 다락에서 낡은 골프채가 발견되어 구전되어오던 사실을 증명해주었다. 1897년 세관구내 해변 가에 조성된 골프코스는 일본보다 6년이나 앞선 것으로 나타났다.

② 한국 골프의 창시기

1921년 조선철도국은 철도국 직영의 조선호텔 숙박객에 대한 서비스 및 외래객 흡수책의 일환으로 호텔부속 골프코스를 건설할 것을 결정하고, 미국인 댄트의 설계로 서울 효창공원에 길이 2070 m의 9홀 규모의 골프코스가 탄생하게 된 것이다. 그러나 효창공원 골프장은 1923년 일대가 공원으로 지정됨에 따라 폐장되었고 1924년 청량이로 옮겨 18홀 골프장으로 완공되었다. 이후 철도국과 호텔로부터 골프코스는 완전히 독립하여 건설되었으며, 1924년4월20일 설계나 자금투자를 달리한 사단법인 경성골프 구락부를 설립하게 되었다. 그 이후로도 대구(1923), 평양(1928), 군자리(1929), 원산(1929), 부산(1932) 골프코스 등이 차례로 개장을 하게 되었다.

1937년 9월 23일, 경성 골프구락부에서는 조선골프연맹창립총회가 개최되어 규약과 임원이 결정되었다. 이사장, 상무이사, 이사가 1명씩 선임되었으며, 대구, 평양, 부산, 원산골프코스에서 이사 각 1명씩을 선임하고, 정식으로 조선골프연맹이 발족하였다. 골프연맹의 창설활동은 활발하였으며 골프의 밝은 전망을 볼 수 있었다. 최초의 한국인 골퍼는 1924년 청량리 골프코스에서 등장하였으며, 1929년에 개장한 군자리 골프코스에서 본격적으로 우리나라 골퍼들이 경기를 개최하고 참가하게 되었다. 또한, 군자리 골프코스에서 최초로 캐디가 등장했다고 한다.

③ 조국의 광복과 한국 골프

제2차 세계 대전으로 골프 코스는 농경지로 변모하였으며, 광복 후 4년 만에 골프코스를 복구하게 된다. 1949년 이승만 대통령의 지시에 의하여 군자리 골프코스가 복구되기 시작하였으며, 현장 시공은 연덕춘 프로에게 맡겨졌다. 그러나 농경지를 경작하던 소작농들의 잦은 시위로 코스 복구 작업은 난항을 거듭하였다. 소작농들의 요구를 일부 수렴하고 지원을 하기로 하여, 복구공사는 1949년 5월 완전히 마무리 할 수 있었다.

복구 1년 만인 1950년 6월25일, 북한의 침공으로 코스는 또다시 황폐화 되었다. 6.25 동란이 지나고, 1954년 7월, 많은 우여곡절을 겪은 군자리 골프코스는 전장 6,750 야드, 파72의 국제 규격으로 재복구 되었다. 그리고 1953년 11월11일, 한국 골프사상 최초로 우리 손으로 이룩한 군자리 골프코스를 운영해 나갈 사단법인 서울 컨트리 구락부를 창설하였다. 이를 발단으로 1955년에는 부산 컨트리 구락부가 발족되었다. 1954년, 대통령 배 한국 아마추어 골프 선수권대회가 개최되었다.

그리고, 1958년 6월12일, 군자리 골프코스에서는 제1회 한국 프로 골프 선수권대회가 개최되었다. 이렇게 군자리 골프코스는 한국골프의 활성화를 도모하였으며, 해외교류의 발판을 마련하였다고 할 수 있다.

서울컨트리클럽 군자리 코스는 한국골프의 총본산 역할을 해야 했으며, 서울 컨트리 구락부에 의해 운영되었던 골프계는 제4회 월드컵 골프 경기 참가를 계기로 하여 한국내 골프 대표기관을 설립해야 한다는 여론이 일기 시작했다. 1965년 9월14일에 개최되었던 한국골프 협회 창립 준비 위원회 회의록에는, "한국골프협회는 1959년에 창설되었으나 4.19의거당시 각 정당, 사회단체의 해산지시에 따라 유명무실상태로 지금에

이르렀다"고 수록되어 있다. 1959년, 골프계의 숙원 사업이었던 한국 골프 협회가 발족했음에도 불구하고 한국 골프의 대표기관으로서의 그 기능을 발휘하기에는 재정, 운영면에서 여건이 미흡하였다. 1960년, 한국골프협회는 4.19 학생 의거로 각 정당,사회단체의 해산 지시에 따라 창립 1년 만에 유명무실하게 되었다.

한동안 소강 상태였던 골프계는 새로운 전환점을 만들기 위한 노력을 계속하게 되는데, 1965년 9월14일, 한국 골프 협회의 재 창립을 조속히 추진하려는 동호인들이 모여, 협회 창립 소위원회를 구성하고 본격적인 창립 활동을 하게 된다. 1965년 9월14일 개최된 협회 창립 준비 위원회의 결의에 의하여 협회 대의원을 선출하였다.

그리고, 1965년 9월23일 가진 한국 골프 협회 창립총회에서 총대의원 13명중 12명의 출석으로 개회를 선언하였다. 1953년 11월11일 발족했던 서울 컨트리클럽은, 한국의 골프를 본 궤도에 올려놓으려는 10여 년간의 끈질긴 추진으로, 많은 역경과 우여곡절 끝에 마침내, 1965년 9월23일, 조국광복 후 최초로 한국 골프 협회가 출범하였다. 사단법인 한국 골프협회 설립 허가 신청서를 관계당국에 제출, 동년 5월3일부로 허가를 받음으로써 합법적인 대표기관으로 행사하게 되었다.

1965년에 창립한 한국 골프 협회의 시급한 과제는 한국 골프의 위상을 세계 골프 수준으로 올리는 것이었다. 그리하여, 1965년 12월17일, 협회는 국제 골프 연맹과 아시아 골프 연맹에 한국 골프 협회의 창립을 통고함으로써 국제 골프계와의 경기와 교류를 추진하였다. 이때부터 각종 국제 경기에도 우리나라 선수들이 참가하게 되었다.

1959년에서 1976년 사이에 국내 골프의 전망을 밝게 본 기업들이 골프장을 활발히 건설하게 되었다. 최초의 한양컨트리클럽(1964)을 필두로, 태릉컨트리클럽(1966), 안양컨트리클럽(1968;현 안양 베네스트 골프클럽), 용인컨트리클럽(1970; 현 양지컨트리클럽), 수원컨트리클럽(1975) 등 20여 개의 골프장이 이 기간 내에 건설되었으며, 그 이후 골프 코스 건설이 수도권 주변을 벗어나 전국적으로 확산되는 경향을 나타내게 되었다.

2) 전환기

우리나라 골프 발전의 많은 기념비적인 일들을 해온 군자리 골프코스는 1970년 12월4일, 정부 방침에 따라 급작스럽게 어린이 대공원으로 개조하라는 지시를 받았다. 서울시측은 시가지가 앞으로 확장하게 될 전망이므로, 군자리 골프코스의 위치는 골프코스로서는 적당하지 않는다는 의견이었다. 1972년 10월31일, 40여 년간의 우여곡절을 이겨내었던 군자리 골프코스는 골프 동호인들이 착잡한 심정으로 지켜보는 가운데 영원히 볼 수 없게 되었다. 사단법인 한국 프로 골프 협회에서는 1968년 5월17일, 연덕춘, 박명출, 배용산, 한장상, 이일안, 조태운 프로 골퍼들이 모여,' 한국 프로 골프 협회 창립 준비 위원회' 를 결성하였다. 각종 경기를 치르면서, 프로 골퍼의 부단한 기술 향상과 국제적 위치를 확보하기 위한 노력하였다.

1968년 5월22일, 한국 프로 골프협회 제1차 이사회를 허정구 이사의 사회로 개최함으로써 한국프로골프협회 출범 제1호 임원단의 구성을 보았다. 명문 골프장의 합리적인 운영과 골프장을 통한 관광사업의 발전에 기여함을 목적으로, 전국 골프장의 이사장이 발기인이 되어 한국 골프장 사업 협회가 1974년 1월1일 창립하게 된다. 또한, 한국 시니어 골프 선수권 대회 등의 각종 국내 골프 경기가 1970년대에 시작되었다. 협회의 창립과 골프 코스 건설 등, 골프발전을 위한 골프계 인사들의 활발한 활동은, 우리나라 골프가 성장하기 위한 발판이 되었다.

3) 발전기

1970년대에 이어 1980년대에는 더 많은 골프코스 건설이 추진되었다. 1979년에 제주도 오라 골프장이 개장되었으며, 경주에서는 조선 컨트리클럽의 건설이 추진되었다. 80년에는 경기도 정아 골프 코스, 82년에 창원 골프장, 83년에 광주 골프장 등이 연이어 건설되어 전국적으로 확산되며 대중화되는 경향을 나타냈다. 경기 사업을 살펴보면, 1984년에는 각종 경기 사업이 22종목으로 늘어났다. 골프 경기와 협회의 경기 사업은 본 궤도에 올랐다고 할 수 있다. 인도의 뉴델리에서 개최한 제9회 아시안 게임에 골프가 정식 종목으로 채택됨으로써 우리나라 경기 사업의 활성화를 도모하였으며, 주니어 신인 골퍼의 수와 기량이 늘어나게 되었다. 1984년 제2회 주니어 학생골프 선수권대회에는 대학생을 포함하여 100명 가까운 선수들이 참가하는 대성황을 이루었다.

또한, 여성 골퍼들의 증가로 한국 아마추어 부녀 골프 선수권 대회가 개최되었다. 제3회 대회에는 30여명, 5회(1980)에는 50여명, 8회(1984)에는 84명의 여성 골퍼들이 참가하는 성황을 이루었다. 경기의 종류도 다양해졌다. 오란씨 오픈 선수권 대회, 쾌남 오픈 골프 선수권 대회, 연합 오픈 골프 선수권 대회, 부산, 삼양, 수원, 동해 오픈 골프 선수권 대회 등 한국 골프의 대성 장기를 이루었다. 특히, 매경 오픈 선수권 대회는 매일

〈초창기때의 골프장 모습—한국골프학회 자료제공〉

경제신문사가 우리나라의 골프를 건전한 국민 스포츠로 육성하기 위해 1982년에 창설했다. 또한, 1982년도 제29회 월드컵 국제 골프 선수권 대회(멕시코)에서 최상호선수가 개인전에서 5위를 차지함으로써 국위를 선양하였다. 국제 골프 연맹은 대회의 세계화를 위하여 각국에 골프 외교를 벌였다.

1980년대는 여자 선수들의 대회 참가로 여성 골퍼의 지위 향상과 함께 골프계의 발전이 거듭되었다. 한국 골프 협회는 미래의 한국골프를 짊어지고 나갈 꿈나무들을 육성 보호하기 위하여 많은 노력을 하고 있다. 그 중의 하나가 주니어 골프 교실이다. 한국골프협회는 학생 및 주니어 골프 선수권 대회를 개최하기도 하였으며, 미국 골프 협회, 영국 R&A, 그밖에 30여 개국 골프 단체와 면밀한 협조관계를 유지해가면서 한국 골프 경기 일정 안내와 골프장 시설소개, 그리고, 현행 문화체육부에서 발행한 한국소개 화보를 발송하기도 하였다. 1984년, 골프장 28개소, 연간 내장 객수 130여만 명이던 것이, 97년에는 운영 중인 골프장이 112개소, 연간 내장객이 800여만 명을 넘어섰다. 이렇게 골프 인구는 계속 기하급수적으로 늘어나는 추세에 있으며, 국민체육으로서의 기능을 충분히 할 수 있을 것으로 예상된다.

1980년대부터 현재까지 프로 골프 분야에서는 박남신, 이강선, 김종덕, 구옥희와 같은 많은 우수한 선수들이 국내 · 외적으로 활발한 활동을 하고 있으며, 한국 골프의 국제적 위상 또한 높아져서 국제적 경기에서 우승을 하는 등(강욱순 프로, 1997년 APGA, 오메가 투어 우승) 놀라운 발전을 하고 있다. 박세리 선수는 자신의 피나는 노력으로 세계무대에 진출하여 미국 4대 메이저 대회 중 2개(98년 맥도널드 미국여자 프로골프 챔피언십 우승, 98년 US여자오픈 우승)를 석권하는 놀라운 위력을 과시하기도 하였다. 그밖에 김미현, 박지은, 신지애 등이 세계프로골프대회에서 우수한 성적을 거두어 세계적인 스타가 되었다.

여자프로선수들의 세계적인 선전과 더불어 한국남자선수들도 최경주선수를 시작으로 양용은, 김경태, 노승렬 선수 등이 미국과 일본 아시아투어에서 활약하고 있으며 이런 남, 여 선수들을 보면서 수많은 주니어 선수들이 제2의 박세리, 최경주를 꿈꾸며 세계무대를 준비하고 있는 한국선수들의 저변은 세계 골프강국으로 확실하게 자리를 잡고 있다.

골프경기방법 소개

2

① 스트로크 플레이(Stroke Play)

스트로크 플레이는 정해진 라운드의 스코어 합계로 순위를 가리는 경기이다. 예를들어 하루시합인 경우 만약 당신이 74타를 쳤고, 당신의 상대가 77타를 쳤다면 당신이 승자가 되는 것이다. 프로시합의 경우 1일 18홀을 4일간 72홀을 돌아 누적 스코어로 승자를 가리게 된다. 또한 정상적인 스트로크 플레이에서는 기미(Gimmi)가 주어지지 않으며 규칙을 위반했을 경우에는 벌타를 받는다. 스트로크 플레이에서 스코어를 기록할 때에는 서로 상대방의 스코어를 기록하게 된다. 따라서 매 홀이 끝날 때마다 제대로 기록되고 있는지 확인하여야 한다. 이렇게 함으로써 라운드가 끝났을 때 생길 수 있는 문제를 막을 수 있다. 플레이를 마친 후에는 반드시 스코어카드에 사인을 하고 상대방에게 주어야한다. 다만 일반 아마추어들의 친선 경기에서는 각자의 골프 실력이 차이가 있으므로 실제 친 타수(Gross Score)에서 그 사람의 핸디캡(Handicap)을 뺀 타수인 네트 스코어(Net Score)로 승패를 결정짓게 된다. 이러한 방식을 언더 핸디캡 경기라고 하며 아마추어 공식경기나 프로의 토너먼트에서 많이 사용하고 있다. 1위가 타이 스코어인 경우 프로대회에서는 룰에 따라 연장전을 하지만 아마추어경기에서는 연장자나 핸디캡이 적은 사람, 또는 마지막 9홀에서 성적이 좋은 사람이 이기는 것으로 하는 경우가 많다. 반면 토탈 스코어인 스트로크 수의 합계(Gross)만으로 승부를 결정하는 경기방식을 크로스 경기, 또는 스크래치 경기라고 한다.

〈마스터스 우승컵—미국 PGA본부 골프박물관 소장〉

② 매치 플레이(Match Play)

매치 플레이는 한 홀(Hole)마다 승부를 결정하는 경기를 말한다. 타수가 적은 쪽을 그 홀의 승자로 하고, 한 홀의 경기가 끝날 때만 승패수를 계산하여 이긴 홀의 수가 미리 정한 라운드의 나머지 홀수보다 많으면 이긴 홀의 수가 많은 사람이 승리하는 경기이다. 함께 플레이 하는 사람(보통 4인)끼리만 경기를 하는 경우가 많으며, 다른 조의 사람과도 매치 플레이(블라인드)를 할 수도 있지만 재미가 없기 때문에 거의 하지 않는다. 매치 플레이는 대개 핸디캡이 같은 사람과 하는 경우가 대부분이지만 실력이 다른 사람과도 할 수 있다. 이러한 경기를 위해 만들어진 것이 "핸디캡 홀"이다. 스코어 카드를 보면 홀 넘버(Hole Number), 거리, 파(Par) 그 외에 핸디캡이라는 항목이 있는데 코스의 홀 난이도에 따라 1부터 18까지의 숫자로 표기되어 있다. 경기자들의 핸디캡 차가 18이면 전 18홀에 1스트로크씩의 핸디캡이 있는 것이 되며 이것을 "에브리 원(Every One)"이라고 한다. 만약 핸디캡 차가 5라고 하면 그 카드 에 기록되어 있는 5이하의 홀

〈미국 마이애미 소재 Miami Garden Country Club〉

이 “핸디캡 홀”이다. 이 핸디캡 홀에는 1스트로크의 핸디캡이 붙어 있으므로 스코어가 같은 경우 핸디캡을 가지고 있는 사람이 그 홀에서 이기게 된다.

따라서 각 홀마다 이기고(업 up), 지고(다운 down), 비기는(하프 half) 승부가 계속되어 어느 홀에선가 승부가 결정된다. 예를 들어 13번 홀까지 진행된 경기에서 A가 6홀을 이겼다고 하면 남은 5홀에서 B 가 모두 이긴다고 해도 A의 승리가 되므로 여기에서 게임은 끝나게 된다.

3 포-섬(four some)

4사람이 2사람씩 조를 짜서 각조가 1개의 볼을 교대로 쳐나가는 경기방법으로 스트로크 플레이든 매치 플레이든 할 수 있다. 1:2로 세 사람이 하는 경우는 쓰리 섬이라고 한다. 핸디캡이 비슷한 사람끼리 같은 조를 짜서 파트너와 한 팀이 되어서 플레이 하며 호흡이 잘 맞아야 이길 수 있다. 쓰리 볼 매치(three ball match)는 1:1로 행하는 매치 플레이에 대해 세 사람이 각자의 볼로 하는 매치 플레이다. 한사람에게 이겨도 다른 한 사람에게 질 수도 있는 경기이기도 하다.

4 포-볼(four ball)

포섬과 같이 2개조가 팀을 나누어 플레이 하는 경기 방식인데, 이 게임에서는 각자가 자기 볼로 플레이한 다음 팀의 좋은 스코어를 그 홀의 스코어로 결정하는 점이 포-섬 경기와 다르다. 따라서 같은 팀의 한 플레이어가 잘 치는 경우 다른 플레이어는 도중에 포기해도 승부에 상관이 없는 경기 방식이다.

스크램블 방식은 한 팀의 두 선수가 티샷한 후 위치가 좋은 볼을 선택하여 그 위치에서 다시 각각 세컨 샷을 하고, 두 선수 모두 그린 온을 시켰을 때 좋은 위치의 볼을 선택, 그 자리에서 두 선수가 퍼팅하여 홀 아웃 점수를 계산하는 방식이다.

파인허스트 방식은 한 팀의 두 선수가 매홀 마다 각각 티샷한 후 세컨 샷은 팀 동료가 바꿔 샷을 하고 3 타째 부터는 좋은 볼을 선택하여 세컨 샷의 위치가 나쁜 선수부터 교대로 홀 아웃 할 때까지 번갈아 가면서 샷을 하는 방식이다.

〈최초의 티박스—미국 PGA 본부 골프박물관 소장〉

5 스킨스 매치(Skins Match)

각 홀마다 상금을 걸고 승부를 가리는데 승부가 나지 않으면 다음 홀로 연장시켜 그 홀을 이긴 사람이 2홀의 상금을 모두 갖게 되는 경기 방법이다.

6 페리오 방식

전반과 후반 홀에서 각각 3개 홀씩 6개의 홀을 임의로 정한다.

지정된 홀에서 실제 친 타수를 합해 3을 곱하고 코스의 기준타수를 뺀 뒤 여기에 다시0.8을 곱해 나온 숫자가 35라고 가정하면 핸디캡은

(35 × 3 − 72) × 0.8의 값은 26.4가 된다. 자신의 실제 타수에 핸디캡을 빼면 최종 성적이 되는 경기 방법이다.

⑦ 신페리오 방식

임의 홀을 전, 후반 6개씩 12개 홀을 지정한다.

그 12개 홀의 실제타수를 더해 1.5를 곱한 후 기준타수를 뺀 뒤 다시0.8을 곱한다.

예를 들어 12개 홀의 실제 총 타수가 76이라면,

(76 × 1.5 − 72) × 0.8을 계산한 33.6이 핸디캡이 된다. 자신의 실제 타수에 신페리오 방식 핸디캡을 빼면 최종 성적이 되는 경기 방법이다.

〈티업을 기다리는 아마추어 골퍼들〉

3 골프 에티켓 및 기본 룰

1 골프 에티켓

① 부드럽게 놓는다

그린에서는 절대로 깃발을 그린에 가로질러서 세게 던지지 않는다. 이는 그린과 상대방의 퍼팅 라인에 손상을 줄 수 있다. 따라서 플레이하는데 방해가 되지 않는 지점에다 조심스럽게 놓는다.

② 코스 예절

코스를 살피는 것은 훌륭한 에티켓에서 필수적으로 요구되는 사항이며 코스에서의 행동도 마찬가지로 중요하다. 라운드를 하는 동안 남을 생각하지 않는 행위는 하루를 망칠 수 있다. 그러나 당신이 코스에서의 에티켓을 지키려고 한다면 다른 플레이어의 즐거움을 망치는 과오는 범하지 않게 된다.

③ 차례를 기다린다

티샷에 대한 예의는 바로 전의 홀에서 낮은 점수를 얻은 골퍼에게 우선권이 넘어간다. 그러나 첫 번째 티샷은 제비뽑기나 동전 던지기에 의해 결정되며, 페어웨이에서는 홀에서 가장 먼 골퍼가 먼저 플레이한다. 그러나 그린에서는 이 순서가 반대가 된다. 예를 들어 스트로크플레이에서는 파트너에게 당신의 의도를 분명히 하고 첫 번째 퍼팅 이후 계속해서 퍼팅을 계속할 수 있다. 이런 선택권은 매치플레이에서는 받아들여지지 않는다. 당신이 그것을 요청할 수는 있으나, 상대편에게는 거의 아무 이득도 없어서, 당신의 요청은 아마 받아들여지지 않 을 것이다.

④ 벙커 보수

벙커샷 후 모래에 당신이 낸 자국을 잘 보수해 놓지 않는다면, 누군가가 당신이 만들어 놓은 발자국에 볼을 떨어뜨릴 수 있다. 그리고 이런 상황은 상대방 기분을 망칠뿐 아니라 벙커 샷을 더 어렵게 만든다.

1) 기본 에티켓

① 안전의 확인

플레이어는 스트로크 또는 연습스윙을 하기에 전에 골프클럽의 회전반경 내에 동반경기자나 기타, 다른 사람이 있는지 반드시 확인 후 스윙을 해야 한다. 또는 스트로크나 연습스윙으로 인해 볼, 돌, 자갈이나 나뭇가지 등이 날아가 주위사람을 다치게 할 우려도 있으므로 주의해야 한다.

② 동반자에 대한 배려

오너인 플레이어는 상대방 또는 동반경기자가 볼을 티업하기 전에 플레이할 수 있는 권리가 있다. 따라서 플레이어가 볼 앞에서 어드레스 자세를 취하고 있거나 스윙동작을 하고 있는 동안에는 동반 경기자들은 움직이거나 말을 해서는 안 된다. 그리고 스윙하는 플레이어의 바로 뒤에 서 있으면 플레이어가 실수로 클럽을 놓치거나 볼이 잘못 날아오게 될 경우 부상을 당할 우려가 있으므로 주의해야 한다. 그린 주변에서도 또한 이러한 경우가 발생될 수 있으므로 보다 세심한 주의를 요한다. 그리고 페어웨이어서는 선행조가 볼의 도달거리 밖으로 나갈 때까지 볼을 쳐서는 안 된다.

③ 경기 속도

동반경기자 및 선, 후행 조를 위해 플레이어는 신속하게 플레이 해야 한다. 그리고 신속한 경기진행을 위해서 만일 볼이 러프로 들어간 경우 볼을 쉽게 못 찾을 것 같으면 후속 조에게 먼저 지나가도록 신호해 주고 볼을 찾는데 소요되는 시간도 5 분 이상 걸리지 않도록 한다. 그리고 패스 받은 후속조가 볼의 도달거리 밖으로 나갈 때까지 플레이를 재개해서는 안 된다.

한 홀의 플레이가 끝나면 플레이어는 즉시 퍼팅 그린을 떠나야 한다. 만일 코스에서 부득이한 사유로 자신의 조가 지체돼 앞 조와의 간격이 완전히 한 홀 이상 차이가 날 때는 후속 조를 패스시켜야 한다.

④ 코스의 선행권

별도로 정하지 않는 한 2구(球)로 플레이하는 조(組)가 3구(球) 또는 4구(球)로 플레이하는 조(組)에 우선권을 가지며 패스할 권리도 가진다. 즉 코스에서 여러 조(組)가 밀렸을 때 동반경기자의 인원이 적은 조(組)가 많은 조(組)보다 플레이하는데 있어서 우

선권을 갖는다. 그러나 단독 플레이어는 이러한 권리를 갖지 못하기 때문에 2, 3, 4구의 조에게 양보해야 한다. 한편 1라운드보다 짧은 라운드를 하는 조(組)는 1라운드 전부를 플레이하는 조(組)를 패스시켜야 한다.

⑤ 벙커 내의 구멍

벙커에 들어갈 때는 아무 곳으로나 들어가서는 안 된다. 왜냐하면 무의식 중에 먼 곳으로 들어갔을 경우 나중에 나올 때 벙커를 고르는 일이 더 힘들어지기 때문이다. 그러므로 가능한 한 자기 볼이 있는 지점에서 가장 가까운 경계로 들어가는 게 좋다.

한편 플레이어는 벙커 샷을 한 후 벙커를 나오기 전에 자기가 만든 디봇 자국이나 발자국을 고무래를 이용해 원래대로 평탄하게 고쳐 놓고 나와야 한다. 규칙에 따르면 벙커 내의 상태는 볼을 다 칠 때까지 절대로 고칠 수 없기 때문이다.

⑥ 디봇(뜯겨진 잔디)

페어웨이에서 tit한 후 생긴 디봇은 뜯겨진 잔디를 제자리에 놓고 밟아 놓아야 한다. 볼마크(퍼팅그린 위로 볼이 떨어지면서 우묵하게 파인 곳) 및 그린 위에서 골프화를 신은 채 발을 끌어서 생긴 스파이크 자국 때문에 그린이 손상됐을 때 해당 플레이어는 즉시 스루 더 그린에서 뜯겨진 잔디를 제자리에 놓고 밟아 놓아야 한다. 볼이 낙하되면서 퍼

〈벙커 샷 하는 모습〉

팅그린에 우묵하게 자국이 남았으면 그린포크 등을 이용해 원상 복구해 놓아야 한다. 이 때 복구하는 방법은 그린포크로 볼 마크 주위를 따라 꽂아서 볼 마크 중앙 쪽으로 가볍게 잔디가 쏠리도록 한 뒤 퍼터 등으로 위에서 가볍게 두드려 원래대로 평평하게 한다. 한편 한 조의 모든 플레이어가 그 홀의 경기를 마친 후 골프화의 스파이크에 의해 퍼팅그린이 손상됐다면 이것도 수리해 놓아야 한다.

⑦ 깃대, 골프백에 의한 그린 손상

플레이어는 그린 위나 그린 주변에서 깃대 또는 골프백을 놓을 때, 퍼팅 그린을 상하지 않도록 주의해야 하며, 플레이어나 캐디가 홀의 가까이에 설 때나 깃대를 빼거나 꽂을 때 또는 홀컵에 들어간 골프 볼을 집어 올릴 때 홀 컵 주변이 상하지 않도록 조심해야 한다. 깃대는 퍼팅 그린을 떠나기 전에 홀의 중심에 똑바로 세워 놓아야 한다. 한편 일부 골퍼는 홀 컵에서 볼을 집어 올릴 때 직접 손으로 집어 올리지 않고 무리하게 퍼트를 이용해서 집어 올리려다가 그린을 상하게 하는 일이 종종 있으므로 주의해야 한다.

〈페어웨이 디봇에 위치한 볼〉

⑧ 골프 카트

골프 카트를 이용할 때는 골프장별로 따로 정한 골프카트 운행시 주의사항이 있다면 이를 준수해야 하며, 캐디나 골프장 관계자의 지시에 따라야 한다.

〈모노레일 카트—탑승용이 아닌 골프장비 운반용〉

〈티샷전 충분한 연습스윙과 웜업으로 상해를 예방한다〉

⑨ 연습 스윙에 의한 손상

티잉 그라운드나 코스에서 무리하게 연습스윙을 하다가 잔디를 상하게 하는 일이 없도록 주의해야한다.

⑩ 동반자의 퍼팅 라인을 밟지 않는다.

그린 위를 걸을 때는 동반경기자의 퍼팅라인(퍼팅했을 때 볼이 지나가는 길)을 밟지 않도록 조심해야 한다. 왜냐하면 라인을 밟아 버리면 잔디의 방향이 바뀌어 퍼팅한 볼이 전혀 다른 곳으로 갈 수 있기 때문이다. 만일 부득이하게 다른 사람의 라인을 넘을 경우에는 반드시 '실례합니다' 등과 같은 사과의 말을 해 상대방의 기분이 상하지 않게 배려한다.

〈그린위에서의 다양한 장면〉

2) 사교골프의 매너

① 휴대폰

한 골퍼의 편리함이 다른 골퍼에게는 방해가 될 수 있다. 따라서 그러한 방해들이 될 수 있는 한 간결하게 이루어져야 하는 것은 아주 기본적인 예의이다. 집에서 손님들을 접대하며 전화기 옆에 붙어 앉아있지는 않을 것이다. 골프장에서도 마찬가지이다. 꼭 통화를 해야 한다면 샷이 없을 때 다시 전화를 주어라. 비상사태라면 물론 약간의 여유를 허용한다. 사무실에서 슬쩍 빠져나온 대가는 치러야만 할 테니까. 그러나 토너먼트에서는 결코 불가능하며, 관대하게 받아들일 수 있는 친구들 간의 게임 등으로 제한되어야만 할 것이다.

〈휴대폰 사용은 자신에 경기력뿐이 아닌 동반경기자에게 역시 나쁜 영향을 초래한다〉

② 게임을 즐겨라

골프와 골프경기가 같지 않다는 것은 모두 알고 있다. 그러나 심심풀이 라운드에서 스코어란 별 의미가 없는 것 아닌가? 함께 라운딩을 하고 있는 동반자들에게 이렇게 물어봐라 "어느 정도의 스코어를 기대하십니까?" 어쨌든 "몇 타를 치셨어요?"보다는 훨씬 듣기 좋지 않은가? 어느 곳에도 당신의 스코어를 유지해야만 한다고 쓰여 있는 곳은 없다. 테니스경기의 랠리처럼 때때로 좋은 샷을 날리는데 만족하며 즐기는 것이 더 유쾌하지 않겠는가? 물론 경기에서라면 문제가 다르다. 당신은 나머지 필드에서 끊임없이 정확성을 요구받을 것이다. 그리고 누군가 자신의 스코어를 기억하지 못하는 것처럼 보인다면 솔직한 실수로 받아들여라.

〈퍼팅연습중인 골퍼들〉

③ 골프 내기

이것은 여전히 미해결상태로 남아있는 논쟁거리 가운데 하나이다. 차라리 내기를 하고 싶지 않다면 고맙지만 경기에 집중하고 싶다고 적당히 구실을 대면된다. 그러나 만일 그 게임에 참가중이라면 돈을 지불하는 것이 좋을 것이다. 당신이라면 자신의 빚을 갚지 않으려는 사람과 거래를 하고 싶겠는가?

④ 골프 조언

골퍼라면 누구나 한번쯤 하늘에 대고 "하느님 내가 뭘 잘못하고 있는 건가요?"라고 호소해 본 적이 있을 것이다. 대답을 기대하는 것은 아니다. 물론 어떤 도전이나 간청도 아니다. 더 나은 골퍼들은 특히 자신의 속된 마음을 드러내고 싶은 유혹을 억제해야만 한다. 만일 누군가 당신에게 도움을 주고자 하고 당신은 그 얘기를 끝까지 듣고 싶다면 연습장에서 하라. 플레이하는 동반자에게 코스에서의 레슨에 대한 부담까지 주어서는 안 된다. 라운드가 끝난 후에 집중해서 조언자의 말에 귀를 기울여라.

⑤ 골프 = 보행 필수

많은 골퍼들이 카트를 택시로 잘못 알고 있다. 그들은 몇 개의 클럽을 끌어내고 그들의 볼을 찾아 앞으로 나아감으로써 시간을 줄일 수 있는 ball-to-ball서비스를 기대하고 있다. 너무 볼 가까이 하여 샷을 위해서는 짜증스러운 소음과 함께 카트를 후진시키게 만드는 카트운전자에 대해서도 별도의 법이 있어야만 할 것 같다. 볼 옆으로 카트를 댈 때는 바로 뒤에 세우거나 또는 주의를 산만하게 만들만큼 너무 가까워서도 안 된다. 종종 맨 앞의 카트가 정체됨으로 해서 도로위에 카트가 줄지어 서있게 만들어 교통망의 정체를 일으키기도 한다. 홀을 마무리할 때에는 클럽을 손에 쥐고 홀컵에서 공을 집어 올려라. 그리고 움직여라. 다음 티에서 클럽들을 정리하고 스코어를 적기 위한 충분한 시간을 가질 수 있을 것이다.

⑥ 늦장 플레이 = X

티에 도착했을 때 앞이 비어있다면 공을 쳐도 좋다. 휴식을 취하거나 테니스에서 코트를 바꾸는 시간이 아니다. 물을 한 모금 마시고 잠시 휴식한 후 바로 플레이하라. 일부 골퍼들은 제동장치에 문제가 있어 결코 멈추지 못할 것처럼 보인다. 그들은 잠시 중단하거나 느릿느릿 나아가고 지체하기도 하지만 결코 멈추지 않는다. 누군가가 샷을 하는 동안에는 확실하게 절대적으로 조용히 멈추어 있다가 움직여라.

〈전방팀의 늦장 플레이로 정체되어 있는 모습〉

⑦ 스윙 연습하기

스윙연습을 해야 할 다른 이유가 여기에 있다. 더 많이 연습할수록 당신의 스윙은 거의 무의 식적으로 되어갈 것이다. 당신이 원하는 것을 머릿속에 그려보라. 오랫동안 볼을 바라보거나 지켜보는 것은 새로운 긴장감을 갖게 한다. 그러나 어떻게 스윙을 할 것인지 판단하기 위해 볼 옆에 서있는 시간이 3초 이상 걸리지 않도록 하라.

⑧ 흡연

골프카트를 함께 타고 있다는 것은 같은 테이블에 앉아 있다고 생각해도 틀리지 않는다. 담배나 재 또는 쓰레기를 함부로 버리지 말라.

〈경기중 흡연은 골프장 화재의 주요원인이다〉

⑨ 감정표현

사람들 가운데 절반은 당신이 7번을 들었다는 것을 신경 쓰지 않으며, 나머지 절반은 당신이 8번을 들고 있기를 바라고 있다. 나를 믿으라. 당신도 알게 되겠지만, 어느 누구도 변명이나 설명 또는 스윙분석 따위를 듣고 싶어 하지 않는다. 물론 어느 정도까지는 모두에게 책임이 있지만 이렇게 무언가를 비난하는 일은 빠른 속도로 사라져가고 있다. 아마도 동반자들은 코스에서 멀리 벗어난 당신의 훅 때문에 어찌할 바를 몰라 하고 또 당신을 동정할 것이다. 그러나 그것은 당신의 계속되는 독백을 듣기를 원한다는 뜻은 아니다. 비탄이나 기쁨 또는 절망에 대한 표현은 단호하고 간결해야만 한다. 톰 모리스의 묘비에는 이렇게 쓰여 있다. "승리했을 때 겸손하고, 패배했을 때 관대해져라."

3) 그 밖의 매너

1. 골프 볼을 칠 때 또는 연습 스윙을 할 때는 가까운 주위에 사람이 있는지 없는지를 확인한 다음 스윙을 해야 한다.
2. 스윙할 때 돌이나 모래가 날아 사람을 다치지 않게 해야 하고 빈 스윙을 하더라도 사람을 향하게 해서는 안 된다.
3. 앞 팀이 완전히 안전거리에 벗어날 때까지 볼을 쳐서는 안 된다.
4. 볼은 홀에서 가장 먼 사람부터 쳐야 하고 볼은 있는 그대로의 상태로 플레이를 해야 한다.
5. 벙커에서 볼을 치고 나올 때에는 고무래를 사용하여 발자국을 깨끗이 정리해야 한다.
6. 페어웨이(fairway)에서 볼을 칠 때 생긴 잔디 뭉치 또는 흙덩이는 반드시 제자리에 옮겨 놓고 밟아 주어야 한다.
7. 그린(green)위에 생기는 볼 자국과 스파이크 자국을 조심스럽게 고쳐야 한다.
8. 그린에 손상이 가지 않도록 주의해야 한다.
9. 골프카트(golf-cart)는 지정된 길을 따라야 한다.
10. 골프경기를 할 때는 티 오프(tee off)시간보다 넉넉하게 도착하는 것이 좋다. 공식경기 에서는 티 오프 시간보다 늦으면 실격처리 된다.
11. 아무데서나 함부로 스윙연습을 하거나 시끄럽게 떠드는 것은 예의에 어긋난다.
12. 골프에서 속임수는 예의에 어긋나는 짓이다.

13. 클럽하우스 식당에서는 모자를 벗는 것이 예의이다(여성은 모자를 써도 된다).
14. 반바지를 입거나 상의를 벗는 것은 예의에 어긋난다.

골프 연습장에서의 매너(에티켓)

1. 복장
골프는 예의의 운동이다. 따라서 보통 실내니깐 반바지에 라운드 티 입고 운동하는 것을 삼가야 한다. 골프 연습장에서는 다른 사람의 시선도 생각 해 주셔야 할 것이다.

2. 흡연
다른 운동과는 달리 담배를 피우면서 즐길 수 있는 운동이여서 꼭 흡연 장소에서 흡연을 해야 된다. 비 흡연자가 많기 때문에 운동을 하면서 담배를 피운다는 것은 삼가야 한다.

3. 골프공
보통 실내 골프 연습장에서는 회원들이 같이 공도 치고 공도 치우기도 한다. 이런 기본적인 것 하나쯤 지켜주시면 다른 사람 보기에도 참 좋을 것이다. 골프공을 치는 것만이 운동이 아니라 치우는 것도 운동이라고 할 수 있다.

4. 타석
타석과 타석사이 그리고 쉬는 자리가 맞 붙어있는 곳이 많이 있기에 항상 서로 조심해야 불미스러운 일이 없어야 할 것이다.

5. 정숙
실내 연습장은 다른 실외 연습장보다 큰 소리로 웃거나 떠들면 울리게 되어있다. 실내 연습장에서도 공공장소인 만큼 기본적인 것들은 지켜 주어야 한다.

6. 뒷정리
기본적으로 지켜야 할 매너는 아니지만, 골프를 치는 사람으로서 이런 것 하나쯤 지켜주시면 교양인으로서 대우를 받을 것이다.

2 기본 골프 룰(R&A&USGA Rule 자료)

골프규칙

제1조 게임(Game)

1. 통칙(General)

골프의 게임은 본 규칙에 따라 1개의 볼을 티잉 그라운드에서 홀에 넣을 때 까지 1 스트로크 또는 연속적인 스트로크로써 플레이하는 것으로 이루어진다.

2. 볼에 미치는 영향(Exerting Influence on Ball)

규칙에 의한 경우를 제외하고 플레이어와 캐디는 볼의 위치 또는 그의 움직임에 영향을 주는 어떠한 행동도 해서는 안 된다.

3. 합의의 반칙(Agreement to Waive Rules)

플레이어들은 반칙의 적용을 배제하거나 부가된 벌을 삭제할 것을 합의해서는 안 된다. 본 항의 반칙은 매치 플레이는 양사이드 모두 실격, 스트로크 플레이는 관계경기자의 실격.

4. 규칙에 없는 사항(Points Not Covered by Rules)

경기에 관한 쟁점이 규칙에 없는 사항은 형평의 이념에 따라 재정하여야 한다.

제2조 매치 플레이(Match Play)

1. 홀의 승자와 승홀 계산법(Winner of Hole; Reckoning of Holes)

매치 플레이는 각 홀마다 승패를 결정한다. 본 규칙에 따로 정한 경우를 제외하고 적은 타수로 홀 아웃한 사이드가 그 홀의 승자가 된다. 핸디캡 매치 때에는 적은 네트 스코어인 사이드가 그 홀의 승자이다.

매치 플레이의 승홀을 셈할 때 몇 개 "홀업"(holes up) 또는 비길 때는 "올 스퀘어"(all square) 그리고 몇 개 "투 플레이"(to play)라고 한다.

홀 업한 승홀 수와 나머지 플레이하여야 할 홀 수가 동일한 때 그 사이드는 도미(dormie)라고 한다.

2. 비긴 홀(Halved Hole)

양 사이드가 같은 타수로 홀 아웃하면 그 홀은 비긴다.

플레이어가 홀 아웃을 끝내고 상대가 그 홀을 동점으로 하는데 1 스트로크가 남은 때에는 그 플레이어가 그 후에 반칙을 한 경우에도 그 홀은 비긴다.

3. 매치의 승자(Winner of Match)

매치(위원회가 따로 정한 경우를 제외한 정규 라운드)에서는 플레이를 끝내지 않은 홀의 수보다 많은 홀을 이긴 사이드가 승자이다.

위원회는 매치의 타이를 해결하기 위하여 정규의 라운드를 매치의 승패가 결정될 때까지 몇 홀이라도 연장할 수 있다.

4. 다음 스트로크, 홀 또는 매치의 양보(Concession of Next Stroke, Hole or Match)

규칙16조 2항(홀컵에 걸려 있는 볼)에 의하여 상대방 볼이 정지했거나 정지한 것으로 보일 때 플레이어는 상대방이 다음 스트로크로 홀 아웃한 것으로 인정할 수 있으며 그 볼은 어느 사이드에 의해서나 클럽 또는 다른 방법으로 제거할 수 있다.

플레이어는 한 홀이나 그 매치의 종료 전에 어느 때라도 홀 또는 매치를 양보할 수 있다.

스트로크의 면제: 홀이나 매치에서의 스트로크 면제는 거절되거나 철회될 수 없다.

5. 클레임(Claims)

매치 플레이에서 플레이어간에 의문 또는 분쟁이 생기고 위원회의 정당한 권한을 가진 대표자가 합당한 시간 내 현장에 도착하지 못하는 경우 그 플레이어들은 지체 없이 매치를 계속하지 않으면 안 된다.

어떠한 클레임이라도 만약 그것이 위원회에서 그 클레임이 수리되려면 그 매치의 어느 플레이어도 다음 티잉 그라운드에서 플레이하기 전에, 그 매치의 마지막 홀이라면 플레이어 전원이 퍼팅 그린을 떠나기 전에 각각 클레임을 제출해야 한다.

플레이어가 사전에 몰랐던 사실에 입각한 클레임이거나 또는 상대방에 의한 오보인 경우를 제외하고 전기의 시한 후에 제기된 클레임은 접수될 수 없다. 어떠한 경우에도 상대방이 고의로 오보를 하였다는 것을 위원회가 인정한 경우 이외에는 매치의 결과가 공식으로 발표된 후의 클레임도 접수될 수 없다.

6. 일반의 벌(General Penalty)

매치 플레이에서, 본 규칙에 따로 정한 경우를 제외하고 반칙의 벌은 그 홀의 패이다.

제3조 스트로크 플레이(Stroke Play)

1. 우승자(Winner)

정규의 라운드 또는 그 이상의 라운드를 최소타수로 플레이한 경기자가 우승자이다.

2. 홀 아웃의 불이행(Failure to Hole Out)

경기자가 어떤 홀에서 홀 아웃을 이행하지 않고 다음 티잉 그라운드에서 스트로크하기 전, 또는 마지막 홀에서 퍼팅 그린을 떠나기 전에 자기의 잘못을 시정하지 않고 그린을 떠나면 그 경기자는 경기 실격이다.

3. 처리에 관한 의문(Doubt as to Procedure)

a. 처리

스트로크 플레이에 한하여 경기자가 한 홀의 플레이 중에 자기권리 또는 볼의 처리에 대하여 의문이 있을 때에는 벌 없이 제2의 볼을 플레이할 수가 있다.

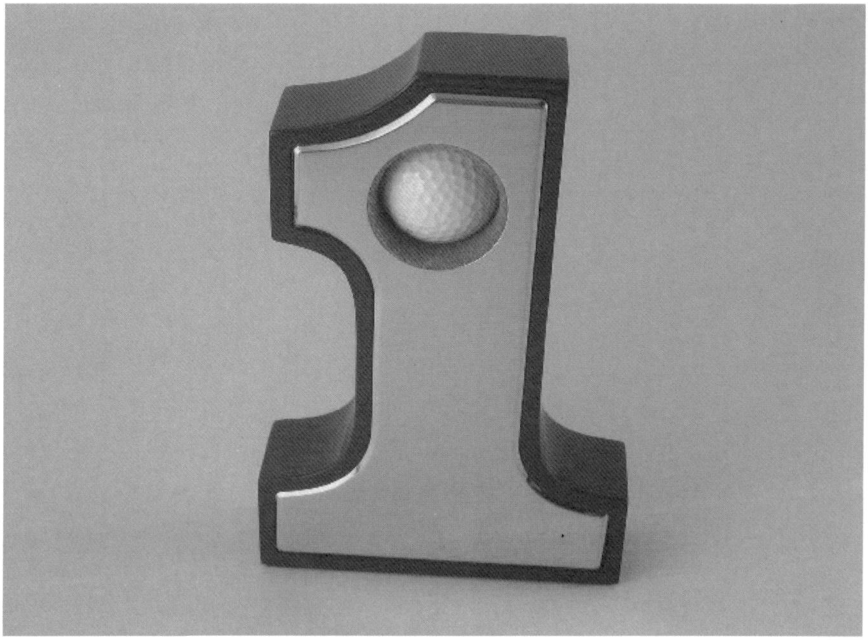

〈우승트로피〉

경기자는 의문이 생겼을 때 다음 행동을 취하기 전에, 본 규칙에 의한다는 그의 결심과 규칙이 허용하면 스코어로 채택하고자 하는 볼을 미리 마커 또는 동반경기자에게 선언해야 된다.

경기자는 두 볼의 스코어가 같은 경우를 제외하고 스코어 카드를 제출하기 전에 그 사실을 위원회에 보고해야 된다. 이것을 이행하지 않으면 경기에 실격된다.

b. 그 홀의 스코어

경기자가 선택한 처리가 규칙에 적합한 것이라면 선택한 볼의 스코어가 그 홀의 스코어가 된다. 만일 경기자가 취한 처리와 볼의 선택을 사전에 마커나 동반경기자에게 통고를 하지 않고 그 원구에 대한 처리가 규칙에 적합한 경우, 원구 쪽의 스코어를 채택하지 않으면 안 된다. 다만, 플레이 되고 있는 두 볼이 다 원구가 아닌 때에는 먼저 인 플레이된 볼의 스코어를 채택해야 된다.

4. 규칙준수의 거부(Refusal to Comply with a Rule)

경기자가 다른 경기자의 권리에 영향을 주는 규칙이행을 거부할 때 실격이 된다.

5. 일반의 벌(General Penalty)

   스트로크 플레이에서는 따로 규정이 있는 경우를 제외하고 반칙의 벌은 2타이다.

제4조 클럽 과 볼(Clubs and the Ball)

R&A는 클럽, 볼 및 기타 용구에 관한 규칙의 변경과 구조 및 해석의 변경을 행사하는 권한을 항상 보유한다.

플레이어가 어떤 클럽의 적합성에 관하여 의문이 있을 때에는 R&A에 문의하여야 한다. 제조업자가 제조하고자 하는 클럽이 규칙 제4조와 부칙 II에 적합한지 여부를 판정받기 위하여 그 견본을 R&A에 제출하여야 한다. 제출된 견본은 대조용으로써 R&A 소유물로 한다. 만일 제조업자가 어떤 클럽을 생산, 판매하기 이전에 그 견본을 R&A에 제출하지 않은 경우에는 그 클럽이 골프규칙에 부적합할 수도 있다는 위험부담을 제조업자는 갖게 된다.

1. 클럽의 형식과 구조(Form and Make of Clubs)

   클럽은 볼을 치는데 사용되도록 디자인된 용구다. 퍼터는 본래 퍼팅 그린 위에서 사용되도록 디자인된 로프트 각도가 10°를 넘지 않는 클럽이다.

플레이어가 사용하는 클럽은 본 조 규정과 부칙 II에 명시된 규격과 해석에 적합한 것이어야 한다.

a. 통칙

클럽은 규칙과 부칙 II에 수록된 규정, 규격, 해석에 부합되어야 한다.

b. 마모와 개조

어떤 클럽이 신품일 때 규칙에 적합한 것이라면, 정상적인 사용 후 마모되었을 때도 규칙에 맞는 것으로 본다. 클럽의 어떤 부분이 의도적으로 개조되었을 때 그것은 신품으로 간주되며, 개조된 상태는 규칙에 적합하여야 한다.

2. 성능의 변경과 이물질 부착(Playing Characteristics Changed and foreign Material)

a. 성능의 변경

정규 라운드 중 클럽의 성능은 조정 또는 다른 방법에 의하여 고의로 변경되어서는 안 된다

b. 이물질의 부착

볼의 움직임에 영향을 줄 목적으로 이 물질을 클럽 면에 부착해서는 안 된다.

3. 손상된 클럽: (Damaged Clubs; Repair and Replacement)

a. 정상적인 플레이 과정에서 입은 손상

정규 라운드 도중, 만약 플레이어의 클럽이 정상적인 플레이 과정에서 손상되었을 경우 플레이어는 다음 조치를 취할 수 있다.

(1) 정규 라운드의 나머지 홀을 손상된 상태로 클럽을 사용하거나,

(2) 부당한 경기 지연 없이 수리하거나, 수리 받아서 사용하거나,

(3) 클럽이 경기에 부적합한 상태에 한해서만 추가적인 선택으로써, 다른 클럽으로 교체할 수 있다. 클럽의 교체는 플레이를 부당하게 지연시키지 않아야 하며, 그 코스에서 플레이 중인 다른 플레이어가 플레이를 위하여 선정한 클럽을 차용해서는 안 된다.

b. 정상적인 플레이 과정 이외에서의 손상

정규라운드 도중에 정상적인 플레이 과정 이외에서 입은 손상으로, 클럽이 규정에 부적합하게 되거나, 성능이 변경된 경우, 그 클럽은 그 이후의 라운드 중에 사용될 수 없으며, 교체될 수 없다.

c. 라운드 전의 손상

플레이어는 라운드 전에 손상된 클럽이 규정에 적합한 상태라면 그대로 사용할 수 있다. 라운드 전에 클럽이 입은 손상은 성능을 변경시키지 않고 플레이를 부당하게 지연시키지 않는 한 라운드 도중 수리 받을 수 있다.

4. 클럽은 14개가 한도(Maximum of Fourteen Clubs)

a. 클럽의 선정과 교체

플레이어는 14개 이내의 클럽을 가지고 정규라운드를 스타트하여야 한다. 플레이어의 사용클럽은 그라운드 스타트 시에 선정한 것에 한정하나 단 플레이를 부당하게 지연시키지 않는 한, 14개미만으로 스타트한 때에는 합계 14개를 넘지 않는 한 몇 개라도 보충할 수 있다.

클럽의 보충은 그 코스에서 플레이하는 다른 플레이어가 플레이를 위하여 선정한 클럽을 차용할 수 없으며, 플레이를 불필요하게 지연시키지 않아야 한다.

b. 파트너는 클럽의 공용가능

파트너끼리는 그 파트너들이 휴대한 클럽의 수가 14 개를 초과하지 않는 한 클럽을 공용할 수 있다.

본 항 a 또는 b의 반칙은 휴대한 초과클럽의 개수에 불구하고:

- 매치 플레이시는 반칙이 발견된 홀의 완료시점에 임하여 반칙이 발생한 각 홀에 1홀의 패를 부가하고 매치의 상태를 조정하여야 한다. 단, 패로 하는 홀수는 1 라운드 마다 최고 2홀을 한도로 한다.
- 스트로크 플레이시는 반칙을 한 홀마다 2타 부가하되 1라운드마다 최고 4타 부가를 한도로 한다.
- 보기 및 파 경기 시는 벌이 매치 플레이와 동일하다.
- 스테이블포드 경기자는 제32조 1항 b 참조.

c. 초과클럽의 불사용 선언

본 규칙에 위반하여 휴대 또는 사용한 모든 클럽에 대하여 플레이어는 반칙을 발견한 때 즉시 불사용 선언을 하여야 한다. 그 후 플레이어는 그 라운드 중 그 클럽을 사용해서는 안된다.

제5조 볼(The Ball)

R&A와 USGA는 클럽, 볼 및 기타 용구에 관한 규칙의 변경과 구조 및 해석의 변경을 행사하는 권한을 항상 보유한다.

1. 통칙(General)

플레이어가 사용하는 볼은 부칙 Ⅲ에 명시하는 최대중량, 최소사이즈, 구체의 대칭성, 초속 및 종합거리규격에 적합한 것이라야 한다.

2. 이물질의 부착(Foreign Material)

볼의 플레이 성능을 변경할 목적으로 이물질을 볼에 부착해서는 안된다.

3. 플레이에 불 적합한 볼(Ball Unfit for Play)

볼이 찢어졌거나 깨졌거나 변형되었음이 분명할 때 그 볼은 플레이에 부적합한 볼이다. 단순히 흙 또는 기타 물건이 부착되었거나 표면의 페인트가 벗겨졌거나 색깔이 변한 것만으로는 플레이에 부적합한 볼이라고 볼 수 없다.

플레이어는 플레이중 볼이 플레이에 적합하지 않다고 믿을 때에는 볼이 플레이에 적합한지 아닌지를 확인하기 위하여 벌 없이 자기 볼을 집어 올릴 수 있다.

단, 볼을 집어 올리기 전에 매치플레이에서는 상대방에게, 스트로크 플레이에서는 마커 또는 동반경기자에게 자신의 의사를 통고하고 그 볼의 위치를 마크해야 한다.

그 후 볼을 집어 올려 닦지 않은 상태로 검사하되 그의 상대방이나 마커 또는 동반경기자에게 그 볼을 검사할 기회를 주어야 한다.

이러한 절차를 밟지 않으면 1 벌타가 부가된다.

그 볼이 플레이를 하고 있는 홀의 플레이 중에 플레이에 부적합하다고 확인된 경우는 플레이어는 원구가 있던 지점에 다른 볼로 플레이스 할 수 있다. 그러나 사용부적합이 확정되지 않을 때는 원구를 리플레이스 하여야 한다.

스트로크의 결과로 볼이 두 쪽 이상으로 쪼개져 떨어져 나간 경우 그 스트로크는 취소되어야 하며, 플레이어는 원구를 쳤던 되도록 가까운 지점에서 벌 없이 다시 플레이하여야 한다.
만일 플레이어가 제5조 3항의 반칙에 대하여 일반의 벌이 부가되었을 경우 본 항에 의한 벌이 추가되어 부가되지 않는다.

제6조 플레이어(The Player)

마커란 스트로크 플레이때 경기자의 스코어를 기록하도록 위원회가 임명한 사람이며 동반경기자가 마커로 될 수 있다. 마커는 심판원이 아니다.

1. 경기조건(Conditions of Competition)

 플레이어는 경기에 관한 조건을 숙지하고 플레이할 책임이 있다.

2. 핸디캡(Handicap)

 a. 매치 플레이

 핸디캡이 있는 경기에서는 경기 출발 전에 플레이어들은 서로 상대방에게 각자의

〈플레이어 사진〉

핸디캡을 확정해야 한다.

만일 플레이어가, 주고받는 스트로크 수에 영향을 끼치는 더 높은 핸디캡을 통고하고 경기를 시작한 경우 그 플레이어는 경기실격이 된다.

반대의 경우 즉 낮은 핸디캡을 선언한 플레이어는 그대로 플레이하여야 한다.

b. 스트로크 플레이

핸디캡이 있는 모든 경기에서 경기자는 매 라운드마다 위원회에 스코어 카드를 제출하기 전에 자기 핸디캡이 자기 스코어 카드에 제대로 기입되었는지를 확인하여야 한다.

자기의 스코어 카드에 핸디캡이 기입되어 있지 않거나 또는 기입된 핸디캡이 경기조건에서 인정된 것보다 더 높아 그 때문에 받을 스트로크 수에 영향을 주었을 경우, 그는 그 핸디캡경기에서 실격이 된다. 그렇지 않고 낮게 기입된 경우는 그 스코어는 그대로 채택된다.

주: 핸디캡 스트로크를 주거나 받는 홀을 사전에 파악하는 것은 플레이어의 책임이다.

3. 스타트시간과 조(Time of Starting and Groups)

a. 스타트시간

플레이어는 위원회에서 정한 시간에 스타트하여야 한다.

b. 조

스트로크 플레이에서 경기자는 위원회가 변경을 승인 또는 추인하지 않는 한 위원회가 정한 조대로 라운드를 하여야 한다.

4. 캐디(Caddie)

플레이어는 한 번에 캐디를 한 명만 동반할 수 있다. 그 이상은 실격이다. 캐디가 규칙을 위반하면 그 플레이어에게 벌을 과한다.

5. 볼(Ball)

정당한 볼을 플레이할 책임은 플레이어 자신에게 있다. 각 플레이어는 자기 볼을 식별할 수 있는 표식을 해 두어야 한다.

6. 스트로크 플레이의 스코어(Scoring in Stroke Play)

a. 스코어의 기록

마커는 각 홀의 종료 후 그 경기자와 스코어를 확인하고 기입하여야 한다.

〈캐디〉

경기의 라운드가 끝나면 마커는 그 카드에 서명하고 경기자에게 건네주어야 한다. 만일 2인 이상의 마커가 스코어를 기록한 경우는 각자 담당한 부분에 대하여 서명하여야 한다.

b. 스코어의 서명과 제출

경기자는 자기의 각 홀의 타수를 확인해야 하고 의문이 있으면 위원회에 질문하여 확정지어야 한다. 경기자는 마커의 서명을 확인한 다음 자기도 부서하여 되도록 빨리 위원회에 제출하여야 한다.

c. 스코어 카드의 변경

경기자가 카드를 위원회에 제출한 후에는 그 기입내용은 변경되지 못한다.

d. 스코어의 오기

경기자는 자기 스코어 카드 상에 각 홀별로 기입된 스코어의 정확성에 대하여 책임을 진다.

만일 한 홀의 실제의 타수보다 적은 스코어를 제출한 경기자는 경기에 실격되고 실제의 타수보다 많은 스코어는 그대로 채택된다.

7. 부당한 지연; 느린 플레이(Undue Delay; Slow Play)

플레이어는 부당한 지연 없이 플레이해야 하며 위원회가 규정한 플레이속도 지침이 있을 때 그에 따라 플레이하여야 한다. 한 홀의 플레이를 끝내고 다음 티잉 그라운드에서 플레이 하는 사이에서도 부당히 지연을 해서는 안된다.

8. 플레이의 중단(Discontinuance of Play)

a. 중단이 인정되는 경우

플레이어는 다음 경우를 제외하고 플레이를 중단해서는 안된다.

(1) 위원회가 플레이를 일시 중지한다고 결정하였을 때

(2) 플레이어가 낙뢰의 위험이 있다고 생각하였을 때

(3) 플레이어가 의문 또는 분쟁의 문제에 관하여 위원회의 재정을 구하고 있을 때

(4) 기타 급병과 같은 정당한 이유가 있을 때

악천후는 그 자체가 플레이 중단의 정당한 이유가 못된다.

위원회의 특별한 허가를 받지 아니하고 플레이를 중단한 경우 플레이어는 되도록 빨리 위원회에 보고하여야 한다.

그러한 경우 위원회가 그 이유를 정당하다고 인정하면 벌이 과해지지 않는다. 정당하다고 인정되지 않으면 경기실격이 된다.

매치 플레이에서의 예외:

플레이어들의 합의로 매치 플레이를 중단하여도 그것으로 인하여 경기지연이 되지 않는 한 실격의 조건은 아니다.

b. 위원회결정에 의한 일시중지시의 처리

위원회의 결정에 의하여 플레이가 일시중지 되었을 경우 그리고 매치의 당사자 또는 한 조의 플레이어 전원이 홀과 홀 사이에 있을 경우 플레이어들은 위원회로부터 플레이 속개의 지시가 나올 때까지 플레이를 속개해서는 안된다.

한 홀의 플레이 도중인 경우 지체 없이 플레이를 계속할 수 있으면 그대로 플레이를 속행할 수 있다. 그러나 플레이 속행을 선택했을 경우 각 플레이어들은 그 홀 종료 직후 곧 중단해야 하나 미결로 하고 도중에 중지해도 상관없다.

플레이 중지 후 는 위원회로부터 플레이속개의 지시가 내릴 때까지 플레이를 속개해서는 안된다.

경기위원회에 의하여 경기가 일시 중지된 경우 플레이어는 경기위원회의 속개 지시가 내렸을 때 플레이를 속개해야 한다.

c. 플레이 중단의 경우 볼 집어 올리기

규칙 6-8a에 따라 플레이어가 경기를 중단하였을 때, 그는 위원회가 중단시켰을 때와 또는 정당한 이유가 있을 때만 볼을 집어 올릴 수 있다. 볼을 집어 올리기 전

에 반드시 볼의 위치를 마크해 두어야 한다. 만약 플레이어가 위원회의 명확한 허가 없이 경기를 중단하고 볼을 집어 올렸다면, 위원회에 보고할 때 볼을 집어 올린 사실을 즉시 알려야 한다. 만일 플레이어가 정당한 이유 없이 볼을 집어 올리거나, 볼을 집어 올리기 전에 볼의 위치를 마크하지 않았거나, 집어 올린 사실을 보고 하지 않았을 경우 그는 1벌 타를 받게 된다.

d. 플레이가 재개될 때의 처리절차

플레이는 비록 다음 날 재개 되더라도 중단 되었던 그 위치에서 재개 되어야 한다. 플레이어는 플레이가 재개되기 전이나 재개 될 때, 다음 절차에 따라 처리하여야 한다.

(1) 플레이어가 볼을 집어 올렸으면 그는 규칙 6-8a에 의해 집어 올릴 자격이 있어야 하고, 최초의 볼을 집어 올렸던 지점에 볼을 플레이스 하여야 한다. 그렇지 않으면, 최초의 볼은 리플레이스 되어야 한다.

(2) 규칙 6-8c에 의해 볼을 집어 올릴 권리가 있는 플레이어가 그렇게 하지 않았을 경우, 그는 볼을 집어 올려 닦을 수 있으며, 또한 최초의 볼을 집어 올려 닦을 수 있으며, 또한 최초의 볼을 집어 올린 지점에 리플레이스 하거나 다른 볼로 교체할 수 있다. 볼을 집어 올리기 전에 반드시 그 위치를 마크해야 한다.

(3) 플레이가 중단된 사이에(바람이나 물의 영향을 포함해) 볼 또는 볼 마커가 움직였을 경우, 볼 또는 볼 마커는 최초의 볼이나 볼 마커가 움직인 지점에 플레이스 하여야 한다.

제7조 연습(Practice)

코스는 플레이가 허용된 모든 구역을 뜻한다.

1. 라운드 전 혹은 라운드 간의 연습(Before or Between Rounds)

a. 매치 플레이

플레이어는 매치 플레이경기가 있는 어느 날이라도 라운드 전에 그 경기가 있는 코스에서 연습할 수 있다.

b. 스트로크 플레이

경기자는 스트로크 플레이 경기 또는 플레이오프가 있는 어느 날도 라운드 또는 플레이오프전에 그 경기가 열리는 코스에서 연습하거나 퍼팅 그린 면을 테스트하여서는 안된다. 경기가 연일 2라운드이상으로 스트로크 경기가 열릴 때 경기자는 남은 경기가 벌어지는 어떤 코스에서도 라운드사이에 연습을 하거나, 그 코스안의 그린 면을 테스트할 수 없다.

예외: 1 라운드 또는 플레이오프의 스타트 전에 최초의 티잉 그라운드 위나 근처에서의 퍼팅과 칩핑 연습은 허용된다.

2. 라운드중의 연습(During Round)

플레이어는 한 홀의 플레이 도중은 물론 홀과 홀 사이에서 연습스트로크를 해서는 안된다. 그러나 홀과 홀 사이, 방금 끝낸 퍼팅 그린, 모든 연습그린 위나 그 근처, 다음 홀의 티잉 그라운드 위나 그 근처에서 퍼팅 또는 칩핑 연습은 허용된다. 다만 해저드로부터의 연습스트로크나 또는 부당한 플레이의 지연이 되어서는 안된다.

한 홀의 결과가 정해진 후 그 홀의 플레이를 계속하는 것은 연습스트로크가 아니다.

예외: 위원회가 플레이를 일시 중지한 때 플레이어는 플레이 속개 전에 (a) 본 규칙에 규정한 연습 (b) 경기가 있는 코스이외의 장소에서의 연습 (c) 별도로 위원회가 허용한 장소에서 연습을 할 수 있다.

제8조 어드바이스; 플레이선의 지시(Advice; Indicating Line of Play)

어드바이스

어드바이스란 플레이어가 플레이의 결단, 클럽의 선택 또는 스트로크의 방법에 영향을 주는 조언이나 시사를 말한다.

규칙이나 공지사항, 예를 들면 해저드나, 퍼팅 그린상의 깃대의 위치 등을 알리는 것은 어드바이스가 아니다.

플레이의 선

플레이의 선은 플레이어가 스트로크 후 볼이 가기를 원하는 방향과 그 방향의 양쪽 적절한 거리도 포함한다.

플레이의 선은 지면에서 수직상향으로 연장되나 홀을 넘어서는 연장되지 않는다.

1. 어드바이스(Advice)

정규 라운드 동안, 플레이어는 그의 파트너를 제외한, 경기에 참가한 어느 누구에게도 어드바이스를 주어서는 안된다. 플레이어는 정규 라운드 동안 자기의 캐디, 파트너 및 그의 캐디에게서만 어드바이스를 구할 수 있다.

2. 플레이선의 지시(Indicating Line of Play)

a. 퍼팅 그린 위 이외

볼이 퍼팅 그린 위에 있는 경우를 제외하고 플레이어는 누구로부터도 플레이의 선에 대하여 지시를 받을 수 있다. 그러나 스트로크가 진행되는 중에는 그 선상 또는 그 선 가까이 또는 홀을 넘어 그 선의 연장선상에 누구도 세워 두지 못한다. 한 홀의 플레이중 플레이어가 또는 그의 승인 하에 놓아 둔, 선을 표시하는 마크는 스트로크 전에 제거하지 않으면 안된다.

예외: 사람이 붙어 서있거나 들어 올린 깃대(제17조 1항)

b. 퍼팅 그린 위

볼이 퍼팅 그린위에 있을 때는 플레이어의 캐디, 파트너 또는 그의 캐디는 스트로크 전에 한하여 퍼팅 선을 시사 할 수 있으나 그때 퍼팅 그린 면에 접촉해서는 안된다.

퍼팅 그린 위 어느 장소에도 퍼팅 선을 가리키는 마크를 놓아서는 안된다.

제9조 타수의 보고(Information as to Strokes Taken)

1. 통칙(General)

플레이어의 타수는 벌 타를 가한 것이어야 한다.

2. 매치 플레이(Match Play)

벌타가 부가되는 규칙에 따라 처리하는 것이 분명하고 또 그 장면을 상대방이 보았을 때를 제외하고는, 플레이어는 벌타가 발생하면 상대방에게 되도록 빨리 통보하여야 한다. 만일 상대방에게 통보하지 않은 경우는 비록 그가 벌이 부가된 것을 몰랐다고 하더라도 오보를 제공한 것으로 간주된다.

상대방은 한 홀에서의 플레이중 플레이어의 타수를 또한 홀의 플레이가 끝난 후에는 방금 끝난 그 홀에서의 타수를 플레이어로부터 확인할 권리가 있다.

만일 한 홀에서의 플레이중 플레이어가 스트로크 수에 관하여 오보를 하였거나 또는 했다고 간주되었을 경우일지라도 상대방이 다음 스트로크를 하기 전에 그 잘못을 시정하면 벌은 부가되지 않는다. 또, 한 홀에서의 플레이가 끝난 후 플레이어가 스트로크수를 오보하였거나 또한 했다고 간주되었을 때에도 다음 티잉 그라운드에서 아무도 플레이하기 전 또는 매치의 최종 홀에서는 전 플레이어가 그 퍼팅 그린을 떠나기 전에 그 잘못을 정정하면 벌은 없다. 이것을 이행하지 않으면 그 홀은 패가 된다.

3. 스트로크 플레이(Stroke Play)

경기자는 벌이 발생하였을 때에는 되도록 빨리 자기의 마커에게 통고하여야 한다.

제10조 플레이어 순서(Order of Play)

1. 매치 플레이(Match Play)

a. 티잉 그라운드

최초의 티잉 그라운드에서 오너를 하는 사이드는 조편성 표의 순서에 의하여 결정되어야 한다. 조편성 표가 없을 때에는 오너는 제비뽑기로 정하여야 한다.

한 홀에서 이긴 사이드는 다음 티잉 그라운드에서 오너를 하고, 한 홀에서 동점인 때에는 전 티잉 그라운드의 오너가 그대로 계속하여야 한다.

b. 티잉 그라운드 이외

볼이 인플레이일 때 홀에서 먼 곳의 볼이 먼저 플레이되어야 한다. 2개 이상의 볼이 그 홀로부터 등거리에 있을 경우 먼저 플레이할 볼은 제비뽑기로 정하여야 한다.

예외: 제30조 3항 c(베스트 볼과 포볼의 매치 플레이)

c. 순서를 잘못한 플레이

만약 플레이어가 그의 상대방이 플레이해야할 순서에 플레이한 경우, 그 상대방은 즉시 그 스트로크를 취소할 것을 요구, 그로 하여금 바른 순서에 따라 앞서 플레이한 원구가 있던 지점에 되도록 가까운 곳에서 벌타 없이 플레이하게 한다.

2. 스트로크 플레이(Stroke Play)

a. 티잉 그라운드

최초의 티잉 그라운드에서 오너를 하는 경기자는 조편성 표의 순서에 의하여 결정되어야 한다.

조편성 표가 없을 때에는 오너는 제비뽑기로 결정되어야 한다. 한 홀에서 가장 최소의 스코어의 경기자가 다음 티잉 그라운드에서 오너를 하게 하여야 한다. 그리고 두 번째로 적은 스코어의 경기자가 다음 플레이를 하며 이하 순서대로 플레이하여야 한다. 만일 한 홀에서 2 인 이상이 같은 스코어인 경우 그 경기자들은 다음 티잉 그라운드에서 그 전 티잉 그라운드에서의 순서와 동일하게 플레이하여야 한다.

b. 티잉 그라운드 이외

볼이 인 플레이일 때 홀로부터 가장 먼 곳에 있는 볼이 먼저 플레이되어야 한다. 2개 이상의 볼이 그 홀로부터 등거리에 있을 경우 먼저 플레이할 볼은 제비뽑기로 결정하여야 한다.

c. 순서를 잘못한 플레이

경기자가 타순을 잘못했어도 벌은 없으며 그 볼은 있는 상태 그대로 플레이하여야 한다. 그러나 만일 경기자중의 1인에게 편의를 제공하기 위하여 경기자들이 본조 2항 a와 b에 규정하고 있는 이외의 순서로 플레이 할 것을 동의한 것으로 위원회가 판단할 경우 전 경기자들은 전원 실격이 된다.

3. 티잉 그라운드에서의 잠정구 또는 제2의 볼 (Provisional Ball or Second Ball from Teeing Ground)

   플레이어가 티잉 그라운드에서 잠정구 또는 제2구를 플레이하는 경우에는 상대방 또는 동반경기자가 첫 번째 스트로크를 한 다음에 하여야 한다. 만일 플레이어가 타순을 지키지 않고 잠정구 또는 제2구를 플레이한 경우에는 본조 1항 c와 2항 c를 적용하여야 한다.

4. 측정 중에 움직인 볼(Ball Moved in Measuring)

   어느 쪽 볼이 그 홀에서 먼가를 결정하기 위하여 측정 중에 볼이 움직여진 경우에는 벌이 없으며 그 볼은 리플레이스 되어야 한다.

제11조 티잉 그라운드(Teeing Ground)

티잉 그라운드

플레이할 홀의 출발장소를 말한다. 이것은 2 개의 티마크의 외측을 경계로 하여 전면과 측면이 한정되며 측면의 길이가 2클럽 길이인 장방형의 구역이다. 볼 전체가 이 티잉 그라운드 구역 밖에 있을 때에는 티잉 그라운드의 밖에 있는 볼이다.

1. 티잉(Teeing)

   볼을 티잉할 때는 그 티잉 그라운드 위에 그냥 놓든가, 플레이어가 만든 성토, 티, 모래 또는 그 지면으로부터 볼을 높이 놓기 위하여 다른 물건 위에 볼을 놓을 수 있다. 플레이어는 티잉 그라운드 내에 있는 볼을 플레이할 때 티잉 그라운드 외에 설 수 있다.

2. 티 마커(Tee-Markers)

   플레이어가 현재 플레이하는 홀의 티잉 그라운드에서 최초의 스트로크를 하기 전까지 티 마커는 고정물이다. 그러한 경우 자기의 스탠스, 의도하는 스윙구역 또는 플레이선의 방해를 피할 목적으로 플레이어가 티 마커를 움직이거나, 움직이게 한다면 플레이어는 제13조 2 항의 반칙으로 벌 타를 부가 받는다.

3. 티에서 떨어지는 볼(Ball Falling Off Tee)

   인 플레이가 되기 이전의 볼이 티에서 떨어지거나 플레이어가 어드레스 중에 떨어뜨렸으면 벌 없이 다시 티잉을 할 수 있다. 만일 그러한 상태에서 볼에 스트로크가 행해졌다면 그 볼이 움직이고 있었건 멈추어 있었던 간에 불구하고 그 스트로크는 1타로 계산할 뿐 벌은 없다.

4. 티잉 그라운드 구역 밖에서의 플레이(Playing from Outside Teeing Ground)
   a. 매치 플레이
   플레이어가 한 홀의 출발에 있어서 티잉 그라운드의 구역 밖에서 볼을 플레이한 때에는 상대방은 즉시 그 플레이어에게 그 스트로크를 취소하고 티잉 그라운드 구역 내에서 벌 없이 다시 플레이할 것을 요구할 수 있다.
   b. 스트로크 플레이
   경기자가 한 홀에서 출발할 때 티잉 그라운드 구역 밖에서 볼을 플레이 하였을 경우에는 2 타 부가하고 그 티잉 그라운드 구역 내에서 다시 스트로크하지 않으면 안된다. 만일 그 경기자가 다음 티잉 그라운드에서 스트로크하기 전 첫 잘못을 정정하지 않거나 또는 라운드의 최종 홀에서는 퍼팅 그린을 떠나기 전에 그의 잘못을 정정할 의사를 선언하지 않으면 경기에 실격된다.
   경기자가 티잉 그라운드 구역 밖에서 플레이한 스트로크 수와 그의 잘못을 시정하기 전에 그 홀에서의 계속한 스트로크 수는 그의 스코어에 가산하지 않는다.
5. 틀린 티잉 그라운드에서의 플레이

제12조 볼의 수색과 식별(Searching for and Identifying Ball)

해저드

모든 벙커 또는 워터 해저드를 말한다.

벙커

대개의 경우 오목한 지역으로 풀과 흙이 제거되고 그 대신 모래 또는 모래와 같은 것을 넣어서 지면에 조성한 구역으로 된 해저드이다. 벙커 안이나 가일지라도 풀로 덮인 부분은 벙커의 일부가 아니다. 벙커의 한계는 수직아래쪽으로 연장될 뿐 위쪽으로는 아니다. 볼이 벙커 안에 놓여 있거나 볼의 일부라도 벙커에 접촉하고 있을 때 벙커안의 볼이다.

〈해저드〉

〈벙커〉

〈마이애미 가든 골프클럽 12번홀 그린사이드 벙커〉

워터 해저드

모든 바다, 호수, 못(지), 하천, 도랑, 배수구의 표면 또는 뚜껑이 없는 수로(물의 유무를 불문한다) 및 이와 유사한 수역을 말한다.

워터 해저드 구역 경계 내의 모든 지면 또는 수면은 그 워터 해저드의 일부분이다. 워터 해저드의 경계선은 수직으로 그 위아래까지 연장 적용된다.

워터 해저드 구역의 경계를 표시하는 말뚝과 선은 해저드 내로 된다. 그러한 말뚝은 장해물이다. 볼이 워터 해저드 안에 놓여 있거나 볼의 일부라도 워터 해저드에 접촉하고 있을 때 워터 해저드의 볼이다.

1. 볼의 수색(Searching for Ball; Seeing Ball)

   코스상의 자기 볼을 찾기 위하여 긴풀, 골풀, 관목 또는 이와 유사한 것들을 만지거나 구부릴 수 있지만 그것은 볼의 라이, 의도하는 스윙 구역과 플레이의 선을 개선함이 없이 볼의 소재와 자기 볼을 확인하는 한도 내이어야 한다.

   플레이어가 스트로크를 할 때 반드시 볼이 보이는 상태이어야 한다고 주장할 권리를 갖지 않는다.

   해저드 내에서는 볼이 루스 임페디먼트 또는 모래에 덮어져 있을 때 볼의 일부가 보일 한도까지 이를 후비거나 고무래로 긁어 헤치거나 다른 방법으로 제거 할 수 있다.

이 경우 볼이 움직이면 벌 없이 리플레이스 하여야 하고 필요하면 다시 덮어야 한다. 비정상적인 코스 상태 내에 정지된 볼이 수색 중에 움직여져도 벌은 없고 제25조 1항 b에 의한 처리를 선택하지 않았을 때는 그 볼은 리플레이스 하여야 한다. 플레이어는 그 볼을 리플레이스 하였더라도 규칙을 적용할 수 있으면 제25조 1항 b에 의한 처리를 할 수 있다.

볼이 워터 해저드 내의 물속에 들어갔다고 믿어질 때는 클럽 기타물건으로 볼을 수색할 수 있다. 이로 인하여 볼이 움직여져도 벌은 없으며 제26조 1항에 따른 처리를 선택하지 않는 한 그 볼은 리플레이스 하여야 한다.

2. 볼의 식별(Identifying Ball)

정당한 볼을 플레이할 책임은 플레이어 자신에게 있다. 각 플레이어는 자기 볼을 식별할 수 있는 표식을 해두어야 한다.

해저드 내를 제외하고 벌 없이 자기 볼이라고 믿어지는 볼을 식별하기 위하여 집어 올려 식별에 필요한 한도까지 볼을 닦을 수 있다. 그리고 그 볼이 자기의 볼이면 리플레이스 하여야 한다.

플레이어는 볼을 집어 올리기 전에 매치 플레이시는 상대방에게, 스트로크 플레이시는 마커나 동반경기자에게 자신의 의사를 통고하고 그 볼의 위치를 마크해야 한다. 그 후 그의 상대방이나 마커 혹은 동반경기자에게 볼을 집어 올리는 것과 리플레이스 하는 것을 감시할 기회를 주어야 한다. 만일 플레이어가 사전에 의사를 통고하지 않고 볼을 집어올리고, 볼의 위치를 마크하지 않거나, 상대방이나 마커 혹은 동반경

기자에게 감시할 기회도 주지 않고, 또는 해저드 내에서 식별을 위하여 볼을 집어 올리거나 식별의 필요이상 볼을 닦는 경우 등에는 1 벌 타를 부가하고 그 볼은 리플레이스 하여야 한다.

볼의 리플레이스를 요구받은 플레이어가 리플레이스를 이행하지 않았을 때는 제20조 3항 a의 반칙의 벌이 과하여지나 제12조 2항에 의한 벌은 가산 적용되지 않는다.

13조 볼은 있는 상태 그대로 플레이; 볼의 라이, 의도하는 스윙의 구역 및 플레이의 선; 스탠스(Ball Played As It Lies; Lie, Area of Intended Stance Swing and Line of Play; Stance)]

해저드

모든 벙커 또는 워터 해저드를 말한다.

벙커

대개의 경우 오목한 지역으로 풀과 흙이 제거되고 그 대신 모래 또는 모래와 같은 것을 넣어서 지면에 조성한 구역으로 된 해저드이다. 벙커 안이나 가일지라도 풀로 덮인 부분은 벙커의 일부가 아니다. 벙커의 한계는 수직아래쪽으로 연장될 뿐 위쪽으로는 아니다. 볼이 벙커 안에 놓여 있거나 볼의 일부라도 벙커에 접촉하고 있을 때 벙커안의 볼이다.

워터 해저드

모든 바다, 호수, 못(지), 하천, 도랑, 배수구의 표면 또는 뚜껑이 없는 수로(물의 유무를 불문한다) 및 이와 유사한 수역을 말한다.

워터 해저드 구역 경계 내의 모든 지면 또는 수면은 그 워터 해저드의 일부분이다. 워터 해저드의 경계선은 수직으로 그 위아래까지 연장 적용된다.

워터 해저드 구역의 경계를 표시하는 말뚝과 선은 해저드 내로 된다. 그러한 말뚝은 장해물이다. 볼이 워터 해저드 안에 놓여 있거나 볼의 일부라도 워터 해저드에 접촉하고 있을 때 워터 해저드의 볼이다.

플레이의 선

플레이어가 스트로크 후 볼이 가기를 원하는 방향과 그 방향의 양쪽 적절한 거리를 포함한다.

플레이의 선은 지면에서 수직선상으로 연장되나 홀을 넘어서는 연장되지 않는다.

1. 통칙(General)

볼은 규칙에서 따로 정한 경우를 제외하고는 있는 상태 그대로 플레이하여야 한다.

2. 볼의 라이, 의도하는 스탠스 스윙의 구역 또는 플레이선의 개선(Improving Lie, Area of Intended Swing or Line of Play)

규칙에서 정한 경우를 제외하고, 경기자는 다음의 것을 개선하거나, 개선시켜서는 안된다.

- 자기 볼의 위치 또는 라이
- 의도하는 스윙구역
- 자기의 플레이선 또는 그 홀을 넘은 건너편의 그 선의 적절한 연장부분
- 자기의 볼을 드롭하거나 플레이스 하고자 하는 지역

즉, 이러한 상기목적을 위한 다음과 같은 행위를 하여서는 안된다.

- 생장물 또는 고정물(움직일 수 없는 장해물과 아웃 오브 바운드를 표시하는 물건 포함)을 움직이거나 구부리거나 꺾는 행위.
- 지면이 울퉁불퉁한 곳을 고르게 하거나, 지면을 돋우는 행위.
- 모래, 흩어진 흙, 메워진 디봇, 새로 깐 잔디, 기타 표면이 고르지 못한 곳 등을 제거하거나 누르는 행위.

다만 다음과 같은 경우는 제외된다.

- 바른 스탠스를 취하는 과정에서 일어난 경우
- 스트로크를 할 때 또는 스트로크를 하기 위하여 클럽을 후방으로 움직일 경우
- 티잉 그라운드에서 지면을 고르게 할 경우
- 퍼팅 그린위의 모래와 흩어진 흙을 제16조 1항 a의 규정에 따라 제거할 때
- 제16조 1항 c의 규정에 따라 손상된 곳을 수리할 경우.

클럽은 지면에 가볍게 놓을 수 있으나 그것으로 지면을 눌러서는 안된다.

3. 스탠스의 장소를 만드는 것(Building Stance)

플레이어는 스탠스를 취할 때에 지면을 힘껏 밟을 수는 있으나 스탠스의 장소를 특별히 만들지는 못한다.

4. 볼이 해저드 내에 있을 경우(Ball in Hazard)

규칙에서 정한 경우를 제외하고, 해저드 내에 정지하고 있거나 또는 해저드(벙커 또는 워터 해저드)내에서 집어 올려서 해저드에 드롭 또는 플레이스할 볼을 스트로크

하기 전에 플레이어는 다음의 행동을 해서는 안된다.

a. 그 해저드 또는 다른 유사한 해저드의 상태를 테스트하는 것.

b. 해저드 내의 지면, 워터 해저드 내의 물에 클럽 또는 다른 것을 접촉하는 것.

c. 그 해저드 내에 있거나 또는 접촉되어 있는 루스임페디먼트에 접촉하거나 움직이는 것.

예외:

1. 해저드의 상태를 테스트하거나 볼의 라이를 개선시키기 위한 행동을 하지 않았다면 플레이어가
   a. 넘어져서 또는 넘어지지 않기 위해서, 또는 장해물을 제거하거나, 거리를 재거나, 규칙에 의거 볼을 회수하거나 집어 올리다가 해저드내의 지면이나 워터 해저드내의 물에 접촉하거나,
   b. 해저드 내에 클럽을 놓는 행위에 벌타가 부가되지 않는다.
2. 플레이어가 스트로크를 한 후, 그의 캐디는 언제든지 플레이어의 승인 없이 그 해저드 내의 모래 또는 흙을 정지할 수 있다. 그러나 볼이 아직 해저드 내에 정지되어 있는 경우는 라이의 개선이 되거나 그 홀의 계속되는 플레이에서 플레이어를 원조하는 행위를 해서는 안된다.

제14조 볼을 치는 방법(Striking the Ball)

스트로크

볼을 올바르게 쳐서 움직일 의사를 가지고 행하는 클럽의 전 방향으로의 동작을 말한다. 그러나 클럽헤드가 볼에 도달하기 전에 플레이어가 다운스윙을 자발적으로 중지했을 경우 플레이어는 스트로크를 하지 않은 것으로 친다.

1. 볼은 바르게 칠 것(Ball to be Fairly Struck At)

   볼은 클럽의 헤드로 바로 쳐야 하며, 밀어 내거나 끌어당기거나 또는 떠 올려서는 안된다.

2. 원조(Assistance)

   플레이어는 스트로크를 할 때

   a. 어떤 종류의 물리적인 원조 또는 풍우로부터의 방호를 받아서는 안된다.

   b. 그의 캐디, 파트너 또는 그의 파트너의 캐디를 볼 후방, 플레이 선 또는 퍼트 선의 연장선상이나, 이에 가까운 위치에 세워서는 안된다.

3. 인공의 장치와 비정상 용구(Artificial Devices and Unusual Equipment)

플레이어는 어떤 용구의 사용이 규칙 14조 3항에 위반되는지 여부가 의심스러울 때 R&A에 문의하여야 한다. 제조업자는 어떤 품목을 생산하고자 할 때, 플레이어가 정규라운드 동안 그것을 사용할 때 규칙 14조 3항 위반이 되지 않는지 판정받기 위하여 R&A에 견본을 제출해야 한다. 그러한 견본은 참고의 목적으로 R&A의 자산이 된다. 제조업자가 생산, 판매하기 전에 견본을 제출하지 않은 경우 그 제품의 사용이 골프규칙에 위반될 수 있는 위험을 부담하게 된다.

규칙에 정한 경우를 제외하고, 정규라운드 도중에 플레이어는 인공의 장치와 비정상적인 용구를 사용하여서는 안된다.

a. 즉 플레이어가 스토로크 또는 플레이를 함에 있어 그에게 원조가 될 수 있는 물건.

b. 플레이에 영향을 줄 수 있는 거리와 상황을 측정 또는 계량하는 목적의 물건.

c. 클럽을 잡을 때 원조가 될 수 있는 물건.

다만, 다음의 경우는 허용된다.

(1) 평범한 장갑을 끼는 것

(2) 송진, 파우더, 건습제, 가습제 등을 사용하는 것

(3) 타월, 손수건을 그립에 감는 것

본 항의 반칙은 경기 실격.

4. 두 번 이상 치기(Striking the Ball More than Once)

만일 1스트로크 중에 플레이어의 클럽이 1회 이상 볼에 맞았을 때 그 스트로크를 1타로 하고 벌 1타를 부가하여 합계 2타로 한다.

5. 움직이고 있는 볼을 플레이한 경우 (Playing Moving Ball)

플레이어는 볼이 움직이고 있는 동안에 플레이 하여서는 안된다.

예외:

(1) 티에서 떨어지고 있는 볼(제11조 3항)

(2) 두 번 치는 볼(제14조 4항)

(3) 물속에서 움직이고 있는 볼(제14조 6항)

스트로크를 시작한 때 또는 스트로크를 하기 위하여 클럽을 후방으로 움직인 때 움직이기 시작한 볼을 쳤을 때 본 항에 의한 벌은 없으나 다음의 규칙들에 의한 벌은 면할 수 없다.

(1) 정지하고 있는 볼을 플레이어가 움직인 경우—제18조 2항 a

(2) 정지하고 있는 볼을 어드레스 후에 움직인 경우—제18조 2항 b

(3) 정지하고 있던 볼이 루스 임페디먼트에 닿은 후에 움직인 경우—제18조 2항 c

(볼이 플레이어, 파트너, 캐디에 의하여 고의적으로 방향이 바뀌거나 정지된 경우—규칙 제1조 2항 참조)

6. 물속에서 움직이는 볼(Ball Moving in Water)

볼이 워터 해저드 안의 물속에서 움직이고 있을 때에는 플레이어는 벌 없이 스트로크를 할 수 있다. 그러나 바람 또는 물의 흐름에 의하여 볼의 위치를 개선시키기 위하여 스트로크를 지체하여서는 안된다.

워터 해저드 내의 물속에서 움직이고 있는 볼은 플레이어가 제26조의 적용을 선택한 경우에는 집어 올릴 수 있다.

제15조 오구: 교체된 볼(Wrong Ball: Substituted Ball)

오 구

다음에 명시한 플레이어의 볼 이외의 모든 볼을 말한다.

a. 인 플레이 볼

b. 잠정구

c. 스트z로크 플레이에 있어서 제3조 3항 또는 제20조 7항 b에 의하여 플레이한 제2의 볼

주: 인 플레이의 볼 중에는 볼의 교체가 허용되든지 안 되든지에 상관없이 인 플레이 볼과 교체된 제2의 볼도 포함된다.

1. 통 칙(General)

플레이어는 규칙에서 다른 볼과 교체하는 것이 허용되지 않는 한 티잉 그라운드에서 플레이한 볼로 홀 아웃 하여야 한다.

볼의 교체가 허용되지 않음에도 플레이어가 다른 볼로 교체했을 경우 교체된 볼은 오구가 아니다. 즉 그 볼은 인 플레이의 볼이 되며 플레이어가 제20조 6 항의 규정에 따라 그 잘못을 정정하지 않았을 때 매치 플레이에서는 그홀의 패, 스트로크 플레이에서는 2타가 부가된다.

2. 매치 플레이(Match Play)

플레이어가 해저드 이외의 장소에서 오구로 스트로크 한 경우 그 홀은 패이다. 해저

드 안에서는 오구를 몇 번 치더라도 벌은 없다. 해저드 안에서 오구를 플레이한 타수는 플레이어의 스코어에 가산하지 않는다. 오구가 다른 플레이어의 소유일 경우 그 소유주는 최초로 오구의 플레이가 생긴 지점에 다른 볼을 플레이스해야 한다.

만일 플레이어와 상대방이 한 홀의 플레이 중에 볼을 교환하여 플레이한 경우 해저드 이외에서 먼저 플레이한 편이 그 홀의 패가 되고 그 전후가 확정되지 않을 때는 그 홀은 볼이 교환된 그대로 끝마쳐야 한다.

3. 스트로크 플레이(Stroke Play)

해저드 내의 경우를 제외하고, 경기자가 오구로 한 스트로크 또는 여러 스트로크를 한 경우 그 경기자는 2 타의 벌을 부가한다. 경기자는 정구를 플레이함으로써 잘못을 정정해야 한다.

만일 경기자가 해저드 내에서 오구를 몇 번 치더라도 벌은 없다. 이 경우 오구를 친 타수는 스코어에 가산하지 않는다.

경기자가 다음 티잉 그라운드로부터 스트로크를 하기 전에 잘못을 정정하지 않거나 또는 그 라운드의 최종 홀에서의 경우 그 퍼팅 그린을 떠나기 전에 잘못을 시정할 의사를 선언하지 않으면 경기실격이 된다.

경기자가 오구로 플레이한 타수는 그의 스코어에 계산되지 않는다. 오구가 타 경기자의 볼이었을 경우 그 볼의 소유자는 최초로 오구 플레이가 생긴 지점에 다른 볼을 플레이스해야 한다.

제16조 퍼팅 그린(The Putting Green)

퍼팅 그린

현재 플레이를 하고 있는 홀의 퍼팅을 위하여 특별히 정비한 전 구역을 말한다. 볼의 일부가 퍼팅 그린에 접촉하고 있으면 퍼팅 그린위의 볼이다.

퍼트의 선

퍼팅그린에서 플레이어가 스트로크 후에 볼이 가기를 원하는 선을 말한다. 규칙 16조 1항 e에 관한 것만 제외하고 퍼트의 선은 의도했던 선의 양쪽방향의 적절한 거리도 포함한다. 퍼트의 선은 홀을 넘어서는 연장되지 않는다.

볼이 홀의 원통 내에 정지했을 때 그리고 볼의 전부가 홀의 가보다도 아래에 있을 때 그 볼은 홀에 들어간 볼이다.

1. 통칙(General)

a. 퍼트의 선에의 접촉

다음의 경우를 제외하고 퍼트의 선에 접촉해서는 안 된다.

(1) 플레이어는 손 또는 클럽으로 모래, 흩어진 흙 또는 루스 임페디먼트를 집어 올리거나 옆으로 쓸어낼 수 있으나 이때 어떤 것도 눌러서는 안 된다.

(2) 볼에 어드레스 할 때 플레이어는 클럽을 볼 전방에 놓을 수 있으나 아무것도 누르지 않아야 한다.

(3) 어떤 볼이 먼가를 측정할 때—제10조 4항

(4) 볼을 집어 올릴 때—제16조 1항 b

(5) 볼 마크를 눌러 꽂을 때

(6) 이미 사용했던 홀을 메운 자국과 볼의 낙하충격으로 인한 퍼팅 그린 위의 손상을 수리할 때—제16조 1항 c

(7) 움직일 수 있는 장해물을 제거할 때—제24조 1항

b. 볼을 집어 올리는 것

퍼팅 그린 위의 볼을 집어 올릴 수 있고 닦을 수 있다. 집어 올린 볼은 원위치에 리플레이스 하여야 한다.

c. 홀컵 자리, 볼 마크 및 다른 손상의 수리

홀컵을 메운 자국과 볼의 낙하 충격으로 인한 퍼팅 그린 위의 손상은 플레이어의 볼이 그 퍼팅 그린 위에 있으나 없으나 상관없이 수리할 수 있다. 볼이나, 볼 마크가 수리과정에서 움직여지면 벌 없이 리플레이스 하여야 한다.

퍼팅 그린의 다른 어떠한 손상도 그 홀에서의 계속되는 플레이에 도움이 될 수 있는 경우 수리되어서는 안 된다.

d. 그린면의 테스트

한 홀의 플레이 중에는 플레이어는 퍼팅 그린 위에서 볼을 굴리거나 그린의 면을 문지르거나 긁어서 그린 면을 테스트하지 못한다.

e. 퍼트의 선을 걸터 서거나 밟고 서는 것

플레이어는 퍼팅 그린 위에서 퍼트의 선 또는 볼 후방 연장선을 걸터 서거나 밟는 스탠스로 스트로크 해서는 안 된다.

f. 다른 볼이 움직일 때의 플레이 금지

플레이어는 퍼팅그린위에서 스트로크 한 다른 플레이어의 볼이 움직이고 있는 동

안은 스트로크를 해서 는 안 된다. 단, 그 때가 그 플레이어가 플레이할 순서일 경우는 예외이며 이때 벌은 부가되지 않는다.

2. 홀에 걸려 있는 볼(Ball Overhanging Hole)

볼의 일부가 홀의 가장자리에서 걸려 있는 상태일 때 플레이어는 볼의 정지여부를 확인하기 위하여 불당한 지연 없이 홀까지 가기 위한 충분한 시간에 추가하여 볼의 정지여부를 확인하기 위하여 다시 10초의 시간이 허용된다. 만일 그래도 볼이 떨어져 들어가지 아니한 때에는 정지한 볼로 간주한다.

그래도 그 시한 후에 볼이 홀에 떨어졌을 때 플레이어는 최후의 스트로크로 홀 아웃한 것으로 간주하고 그 홀의 스코어에 벌 1 타를 부가해야 한다. 이밖에 본 조항에 의한 벌은 없다.

제17조 깃대(The Flagstick)

깃대는 홀의 위치를 가리키기 위해 깃발이 붙어있거나 깃발이 없이 다른 물건이 붙어있는 수직의 이동할 수 있는 표지물이다. 그것의 단면은 원형 이어야 한다.

1. 깃대에 시중들기, 제거 또는 들어올리기(Flagstick Attended, Removed or Held Up)

플레이어는 스트로크 전이나 스트로크 중 깃대에 사람을 시중들게 하거나 깃대를 제거시키거나 또는 홀의 위치를 표시하기 위하여 들어 올리게 할 수 있다. 이것은 스트로크를 하기 전의 플레이어의 권한에 의하여서만 할 수 있다.

만일 스트로크 전에 누군가 깃대에 붙어 서 있거나 깃대를 제거하는 것을 알고도 제지하지 아니한 경우 플레이어가 그 사실을 승인한 것으로 간주한다.

스트로크를 하고 있는 동안에 누구라도 깃대에 붙어 서 있거나 깃대를 제거하거나 또는 홀 가까이에 서 있으면 그 사람은 볼이 정지할 때까지 깃대에 붙어 서 있는 것으로 간주한다.

2. 무단히 깃대에 시중들기(Unauthorised Attendance)

   a. 매치 플레이

   매치플레이에서 상대방 또는 그의 캐디는, 플레이어가 스트로크를 하고 있는 동안 또는 플레이어의 볼이 움직이고 있는 동안 무단히 혹은 플레이어가 인지하기 전에 깃대에 붙어 서거나 깃대를 제거하지 못한다.

   b. 스트로크 플레이

   경기자가 스트로크를 하고 있던가, 그 볼이 움직이고 있는 동안에 동반경기자 또는 그의 캐디가 경기자의 승인이나 사전인지 없이 깃대에 붙어 서거나 제거한 경우 동반경기자에게 이 규칙위반의 벌이 과하여 진다. 이 경우 경기자의 볼이 깃대, 붙어 서 있는 사람 또는 그의 휴대품에 맞으면 경기자에게는 벌이 없고 그 볼은 정지한 위치에서 플레이되어야 한다.

   다만, 그 스트로크가 퍼팅 그린 위에서 플레이 된 것은 그 스트로크는 취소되어야 하며 볼은 리플레이스 하여 다시 스트로크 하여야 한다.

3. 볼이 깃대 또는 깃대에 시중들고 있는 사람에 맞은 경우(Ball Striking Flagstick or Attendant)

   플레이어는 다음의 것에 볼을 맞혀서는 안 된다.

   a. 플레이어, 파트너, 그들의 캐디 또는 플레이어가 승인 또는 인지한 사람이 붙어 서 있거나 또는 제거한 때의 깃대.

   b. 깃대에 붙어 서 있는 플레이어의 캐디, 파트너와 그의 캐디 또는 깃대에 붙어 서 있는 그 이외의 사람으로 플레이어가 승인 또는 인지한 사람 및 위의 사람들이 그 때 휴대하고 있는 모든 물건.

   c. 퍼팅 그린 위에서 볼이 플레이된 경우, 사람이 붙어 서 있지 아니한 홀에 꽂힌 깃대.

   스트로크 플레이는 2타 부가하고 볼이 정지한 곳에서 플레이를 계속하여야 한다.

4. 깃대에 기대어 있는 볼(Ball Resting Against Flagstick)

플레이어의 볼이 홀에 꽂힌 깃대에 기대어 정지한 때에 플레이어 또는 플레이어가 승인한 사람이 깃대를 움직이던가 빼낼 수 있다. 이때 볼이 홀에 들어가면 플레이어의 마지막 스트로크로써 홀 아웃한 것으로 하며, 볼이 움직여서 홀에 들어가지 않으면 벌 없이 볼을 홀의 가장자리에 플레이스하여야 한다.

제18조 정지된 볼이 움직여진 경우(Ball at Rest Moved)

움직인 것

볼이 정지하고 있는 위치에서 다른 위치로 옮겨가서 정지한 때 그 볼은 "움직인 것"으로 간주한다.

국외자

매치 플레이에서는 매치에 관계없는 사람과 사물을 말하며, 스트로크 플레이에서는 그 경기자의 사이드에 속하지 않는 사람과 사물을 말한다.
심판원, 마커, 업저버 또는 포어캐디는 국외자이며, 바람과 물은 국외자가 아니다.

휴대품

플레이어가 사용, 착용 혹은 휴대하는 물건을 말하며, 플레이어가 플레이중의 볼, 혹은 볼의 위치나 볼을 드롭할 구역을 마크할 때 사용하는 동전이나 티와 같은 작은 물건은 휴대품이 아니다.

휴대품 중에는 수동, 자동의 골프 카트도 포함된다. 골프카트를 두명 또는 그 이상의 플레이어가 공동 사용할 경우 그 골프 카트와 그 안에 실린 모든 것은 볼이 관련된 플레이어의 휴대품으로 본다. 다만, 그 카트가 공동으로 사용하는 경우 플레이어중 한사람에 의하여 이동될 경우 그 카트 및 그것에 실린 모든 것들은 그 플레이어의 휴대품으로 간주한다.

플레이어가 스탠스를 취하고 클럽을 지상에 대었을 때 어드레스 한 것으로 친다. 단, 해저드에서는 스탠스를 취한 때에 어드레스 한 것이 된다. 플레이어가 스트로크를 하기 위하여 발을 제 위치에 정하고 섰을 때 스탠스를 취한 것으로 한다.

1. 국외자에 의하여 움직여진 경우(By Outside Agency)
   정지하고 있는 볼이 국외자에 의하여 움직여졌을 때 플레이어는 벌 없이 다음 스트로크를 하기 전에 리플레이스 하여야 한다.
2. 플레이어, 파트너, 캐디 또는 휴대품에 의하여 움직여진 경우(By Player, Partner,

Caddie or Equipment)

a. 통칙

플레이어의 볼이 인 플레이인 때

(1) 규칙에서 허용하는 경우를 제외하고 플레이어, 그의 파트너와 그들의 캐디가 볼을 집어 올리거나, 움직이거나, 고의로 접촉하거나(어드레스 동작중에 클럽으로 한 것은 제외) 움직여지는 원인이 되는 일을 한 때.

(2) 플레이어 또는 그의 파트너의 휴대품이 볼을 움직이게 한 원인으로 된 때.

그 플레이어에게 1 타의 벌이 과하여진다.

플레이어가 스윙을 시작한 후에 볼이 움직여졌고 그 스윙을 중지하지 않는 경우 이외에는 움직여진 그 볼은 리플레이스 하여야 한다.

플레이어가 다음의 경우에 실수로 자기 볼을 움직여도 본 규칙에 의한 벌은 없다.

- 어느 볼이 홀로부터 먼가를 결정하기 위한 측정을 하던 중—제10조 4항
- 해저드 내에 매몰된 볼, 캐주얼 워터, 수리지 등의 안에 있는 볼을 찾던 중—제12조 1항
- 홀을 메운 자리 또는 볼 마크의 수리중—제16조 1항 c
- 퍼팅 그린 위의 루스 임페디먼트를 제거중—제18조 2항 c
- 규칙에 따라 볼을 집어 올리는 동작중—제20조 1항
- 규칙에 따라 볼을 플레이스 또는 리플레이스 하는 동작중—제20조 3항 a
- 움직일 수 있는 장해물의 제거중—제24조 1항

b. 어드레스 후에 움직여진 볼

어드레스 후 스트로크의 결과 이외의 원인으로 플레이어의 인 플레이 볼이 움직여진 때에는 플레이어가 그 볼을 움직인 것으로 간주하고 1 타 부가한다.

플레이어가 스윙을 시작한 후에 볼이 움직여졌고 그 스윙을 중지하지 않았을 경우 이외에는 움직인 그 볼은 리플레이스 하여야 한다.

c. 루스 임페디먼트에 접촉한 후에 움직여진 볼

스루 더 그린에서 플레이어, 그의 파트너 또는 그들의 캐디가 볼에서 1 클럽 길이 이내에 있는 루스임페디먼트에 접촉한 후에 볼이 움직인 때에는 플레이어가 볼에 어드레스하기 전이라도 볼을 움직인 것으로 간주되어 1 타의 벌이 부가된다.

플레이어가 스윙을 시작한 후에 볼이 움직여졌고, 그 스윙을 중지하지 않았을 경

우 이외에는 그 볼은 리플레이스 하여야 한다.

퍼팅그린위에서 루스 임페디먼트를 제거하는 동작 중에 볼 또는 볼 마커가 움직여진 경우, 그 볼이나 볼 마커는 리플레이스 되어야 한다. 볼이나 볼 마커가 움직인 것이 오직 루스임페디먼트의 제거에 기인할 경우 벌은 없다. 그 밖의 경우는 규칙 18조 2항 a 혹은 20조 1항에 부하여 1타의 벌이 부가된다.

3. 매치 플레이에서 상대방, 캐디 또는 휴대품에 의하여 움직여진 볼(By Opponent, Caddie or Equipment in Match Play)

a. 수색중에 움직여진 볼

만일 플레이어의 볼을 찾는 동안 상대방, 그의 캐디 또는 그의 휴대품에 의하여 볼이 움직여져도 벌은 없고, 플레이어는 그 볼을 리플레이스 하여야 한다.

b. 수색중 이외에서 움직여진 볼

볼 수색중 이외의 경우 상대방, 그의 캐디 또는 그의 휴대품이 볼에 접촉하거나 또는 볼이 움직여졌을 때는 따로 규칙에서 정하는 경우를 제외하고 그 상대방에게 1타의 벌이 부가된다. 플레이어는 움직인 볼을 리플레이스 하여야 한다.

4. 스트로크 플레이에서 동반경기자, 캐디 또는 휴대품에 의하여 움직여진 볼(By Fellow-Competitor, Caddie or Equipment in Stroke Play)

경기자의 볼이 동반경기자, 그의 캐디 또는 휴대품에 의하여 움직여져도 벌은 없으며, 경기자는 그 볼을 리플레이스 하여야 한다.

5. 다른 볼에 의하여 움직여진 볼(By Another Ball)

정지한 인 플레이의 볼이 움직이는 다른 볼에 의하여 움직여진 경우 움직여진 그 볼은 리플레이스 하여야 한다.

제19조 움직이고 있는 볼이 방향변경 또는 정지되는 경우(Ball in Motion Deflected or Stopped)

국외자

매치 플레이에서는 매치에 관계없는 사람과 사물을 말하며, 스트로크 플레이에서는 그 경기자의 사이드에 속하지 않는 사람과 사물을 말한다. 심판원, 마커, 업저버 또는 포어 캐디는 국외자이며, 바람과 물은 국외자가 아니다.

휴대품

플레이어가 사용, 착용 혹은 휴대하는 물건을 말하며, 플레이어가 플레이중의 볼, 혹은 볼의 위치나 볼을 드롭 할 구역을 마크할 때 사용되는 동전이나 티와 같은 작은 물건은 휴대품이 아니다.

휴대품 중에는 수동, 자동의 골프 카트도 포함된다. 골프카트를 두 명 또는 그 이상의 플레이어가 공동 사용할 경우 그 골프 카트와 그것에 실린 모든 것은 볼이 관련된 플레이어의 휴대품으로 본다. 단, 그 카트가 공동으로 사용하는 경우 플레이어중 한사람에 의해 이동될 경우 그 카트 및 그것에 실린 모든 것들은 그 플레이어의 휴대품으로 간주한다.

1. 국외자에 맞은 경우(By Outside Agency)

   움직이고 있는 볼이 우연히 국외자에 의하여 정지되거나 방향을 바꾼 때에는 럽 오브 더 그린이며, 벌 없이 그 볼은 있는 상태 그대로 플레이되어야 한다.

   다만, 다음의 경우는 제외한다.

   a. 퍼팅 그린 위 이외에서 스트로크 되어 움직이고 있는 볼이 움직이거나 살아 있는 국외자의 안이나 위에 멎었을 경우는 그때 국외자가 있었던 위치에 가능한 한 가까운 곳에 볼을 스루 더 그린 또는 해저드에서는 드롭하고 퍼팅 그린 위에서는 플레이스하여야 한다.

   b. 퍼팅 그린 위에서 스트로크한 후 움직이고 있는 볼이 살아 움직이는 국외자(단, 벌레나 곤충 제외)에 의하여 방향이 변경되거나 정지되거나 또는 국외자의 안 또는 위에 멎었을 경우에는 그 스트로크를 취소하고 그 볼은 리플레이스 되어 다시 스트로크 하여야 한다.

   만일 그 볼을 즉시 회수하지 못할 경우는 다른 볼로 교체할 수 있다.

2. 플레이어, 파트너, 캐디 또는 휴대품에 맞은 경우(By Player, Partner, Caddie or Equipment)

a. 매치 플레이

플레이어가 친 볼이 그 자신, 그의 파트너, 그들의 캐디나 그들의 휴대품에 의하여 우연히 정지되거나 방향을 바꾼 때에는 플레이어는 그 홀에서 패한다.

b. 스트로크 플레이

경기자의 볼이 그 자신, 그의 파트너, 그들의 캐디나 그들의 휴대품에 의하여 우연히 정지되거나 방향을 바꾼 때에는 경기자에게 2타의 벌을 부가하고 볼은 있는 그대로의 상태에서 플레이되어야 한다.

단, 볼이 그 자신, 그의 파트너, 그들의 캐디의 의복이나 휴대품에 들어갔거나, 위에 멎었을 경우에는 볼이 들어갔거나 멎은 때의 위치에 되도록 가까운 곳에, 스루더 그린 또는 해저드에서는 드롭, 퍼팅그린 위에서는 플레이스하여야 한다.

3. 매치 플레이에서 상대방, 캐디 또는 휴대품에 맞은 경우(By Opponent, Caddie or Equipment in Match Play)

플레이어가 친 볼이 상대방, 그의 캐디 또는 그들의 휴대품에 의하여 우연히 정지되거나 방향을 바꾼 때에는 벌은 없다. 플레이어는 볼을 있는 라이 그대로 플레이 하든가 어느 사이드가 다음 스트로크 하기 전에 그 스트로크를 취소하고 벌 없이 앞서 플레이된 볼의 지점과 되도록 가까운 곳에서 다시 플레이를 할 수 있다.(규칙20조 5항 참조)

만일, 볼이 상대방, 그의 캐디의 의복이나 휴대품 안 또는 위에 멎었을 경우 그 볼이 그 물건 안이나 위에 멎었던 때의 위치에 되도록 가까운 곳에 스루더 그린 또는 해저드에서는 그 볼을 드롭, 퍼팅 그린 위에서는 플레이스 할 수 있다.

예외: 깃대에 붙어 서 있는 사람에 맞은 볼에 관하여는 제17조 3항 b 참조.

4. 스트로크 플레이에서 동반경기자, 캐디 또는 휴대품에 맞은 경우(By Fellow-Competitor, Caddie or Equipment in Stroke Play)

국외자에 의하여 방향이 변경된 경우에 관한 제19조 1항 참조.

5. 다른 볼에 맞은 경우(By Another Ball)

a. 정지한 볼에 의하여

스트로크 후 움직이는 플레이어의 볼이 정지한 다른 인 플레이 볼에 의하여 방향을 바꾸거나, 정지하였을 때에는 플레이어는 볼을 있는 그대로의 상태에서 플레이 하여야 한다.

매치경기에서는 벌이 없다. 스트로크 플레이에서 스트로크를 하기 전에 만일 쌍방의 볼이 퍼팅그린 위에 있었을 경우는 그 플레이어에게 2타의 벌이 부가되며 기타의 경우에는 벌이 없다.

b. 움직이는 다른 볼에 의하여

스트로크 후 움직이는 플레이어의 볼이 움직이는 다른 볼에 의하여 방향을 바꾸거나 정지되었을 경우 그 플레이어는 벌 없이 자기 볼을 있는 그대로의 상태에서 플레이 하여야 한다. 이때 그 플레이어는 제16조 1항 f의 위반이 있었을 경우 소정의 벌을 부가 받으며 기타의 경우에는 벌이 없다.

제20조 볼의 집어 올리기, 드롭 및 플레이스, 오소에서의 플레이(Lifting, Dropping and Placing; Playing from Wrong Place)

1. 볼의 집어 올리기 와 마크하기(Lifting and Marking)

규칙에 의한 볼의 집어 올리기는 플레이어, 그의 파트너 또는 플레이어가 인정한 타인이 할 수 있다. 이 경우에 플레이어는 모든 규칙위반에 대하여 그 책임을 져야 한다.

볼의 리플레이스를 요구하는 규칙에 의하여 집어 올릴 때는 사전에 그 볼의 위치를 마크해 두어야 한다. 만일 마크를 하지 않으면 그 플레이에게 벌 1타가 부가되며 그 볼은 리플레이스 하여 한다. 만일 그 볼을 리플레이스하지 않으면 그 플레이어는 본 규칙위반에 대한 일반의 벌이 과해지나 본 조항위반에 대한 추가의 벌은 적용하지 않는다.

규칙에 의한 볼의 집어 올리기 과정 혹은 볼의 위치를 표시하는 과정에서 우연히 볼이나 볼 마커가 이동된 경우에는 그 볼이나 볼 마커는 리플레이스 되어야 한다. 그러한 볼의 이동이 위치의 표시 또는 볼을 집어 올리는 특정한 동작에 전적으로 기인할 경우 벌은 없다.

그렇지 않은 경우에 그 플레이어에게는 규칙 18조 2항 a에 의하여 1타의 벌이 부가된다.

예외: 만일 플레이어가 규칙 5조 3항 혹은 규칙 12조 2항대로 이행을 준수하지 못하여 벌을 받은 경우 본 항에 의한 추가 벌은 부가되지 않는다.

2. 드롭과 재드롭(Dropping and Re-dropping)

a. 드롭하는 사람과 방법

드롭 되어야 하는 볼은 규칙에 따라서 플레이어 자신에 의하여 드롭 되어야 한다. 플레이어는 똑바로 서서 볼을 들고 어깨 높이에서 팔을 완전히 펴서 드롭 하여야 한다. 만일 다른 사람 또는 다른 방법으로 볼을 드롭 하였을 때에는 그 잘못을 제 20조 6항에서 규정한 대로 시정하지 않는 경우 1타의 벌이 부가된다. 드롭 한 볼이 코스의 일부에 떨어지기 전 또는 후에 플레이어, 파트너, 그들의 캐디 또는 휴대품에 접촉하면 그 볼은 벌 없이 재드롭 하여야 한다. 이런 상황에서 재드롭 할 때에는 회수에는 제한이 없다.

b. 드롭하는 장소

특정 지점에 되도록 가깝게 볼을 드롭 할 경우, 이때 드롭은 특정지점과 비교하여 홀과 가깝지 않아야 하며 플레이어가 정확한 지점을 알지 못할 경우는 플레이어의 추정에 의한다.

볼을 드롭 할 때는, 적용 규칙이 요구하는 드롭지점인 코스의 일부에 볼이 먼저 떨어져야 한다. 만일 이와 같이 드롭된 것이 아닐 경우 규칙 20조 6항과 7항이 적용된다.

c. 재드롭의 경우

드롭 한 볼이 다음 상태로 되는 때는 벌 없이 다시 드롭 하여야 한다.

(1) 해저드에 굴러 들어가거나 해저드 안에 멎는 경우

(2) 해저드에서 굴러 나오거나 해저드 외부에 멎는 경우

(3) 퍼팅 그린 위에 굴러 들어가거나 해저드 외부에 멎는 경우

(4) 아웃 오브 바운드에 굴러 들어가서 멎는 경우

(5) 규칙 24조 2항(움직일 수 없는 장해물) 또는 규칙 25조 1항(비정상적인 코스 상태)에 의하여 구제를 받았으나 방해가 있는 위치로 굴러들어가는 때, 또는 규칙 25조 2항 b(지면에 박힌 볼)에 의하여 집어 올렸던 바로 그 볼 자국에 다시 굴러 들어간 때

(6) 볼이 처음 떨어진 코스의 부분에서 2클럽 길이 이상 굴러서 정지한 때.

(7) 규칙으로 허용되어 있는 경우가 아니면 원위치나 또는 추정된 위치(규칙 20조 2b참조)보다 그 홀에 가깝게 굴러 정지하였을 때

- 규칙에서 허용된 경우가 아닐 때의 원위치 또는 추정위치(규칙 20조2b 참조)
- 가장 가까운 구제지점 또는 최대한 가용한 구제지점(규칙24-2,25-1,25-3)
- 원구가 워터 해저드 또는 래터럴 워터 해저드 경계를 최후로 넘어간 지점 (규칙 26-1)

(8) 원구가 해저드나 그 구역 경계를 최후로 넘어간 지점보다 홀에 가까운 곳(규칙 25조 1항 c(1) (2))이나 워터 해저드(규칙 26조 1b), 래터럴 워터 해저드(규칙 26조 1c)의 경계를 최후로 넘어간 지점보다 홀에 가까운 곳에 굴러서 정지하였을 때

재드롭한 볼이 상기와 같은 장소에 굴러간 경우에는 재드롭시 처음 떨어진 코스의 일부인 지점에 가능한 한 가까운 곳에 플레이스하여야 한다.

본 조항에 의하여 재드롭 또는 플레이스해야 될 볼이 곧 회수되지 못하는 경우는 다른 볼로 교체할 수 있다.

3. 플레이스와 리플레이스(Placing and Replacing)

a. 플레이스하는 사람과 장소

규칙에 의하여 플레이스하는 볼은 플레이어 또는 그의 파트너가 플레이스하여야 한다.

볼을 리플레이스 할 경우, 그 플레이어나 그의 파트너 혹은 그 볼을 집어 올렸거나 움직인 사람이 집어올려졌거나 움직여진 지점에 플레이스 하여야 한다. 이 모든 경우에도 규칙위반에 대한 책임은 그 플레이어가 져야 한다. 볼을 플레이스 또는 리플레이스 하는 과정에서 볼이나 볼 마커가 우연히 움직여진 경우 그 볼이나 볼 마커는 리플레이스 되어야 한다.

볼이나 볼 마커의 움직임이 볼을 플레이스 혹은 리플레이스 하는 행위 혹은 볼 마커를 치우는 등의 특정행위에 전적으로 기인했을 경우 벌은 부가되지 않는다. 그렇지 않은 경우는 규칙 18조 2a 또는 20조 1항에 의거 1타의 벌이 플레이어에게 부가된다.

b. 플레이스 또는 리플레이스를 요하는 볼의 라이가 변경되었을 때

(1) 해저드 이외의 장소에서는, 홀에 접근하지 않고 원위치에서 1클럽 길이 이내의 해저드 이외의 장소에 원라이에 가장 유사하고 가장 가까운 라이에 플레이스해야 한다.

(2) 워터 해저드 안에서는 볼을 그 워터 해저드 내에 플레이스해야 한다는 것을 제외하고 상기(1)에 따라서 플레이스해야 한다.

(3) 벙커 내에서는 원라이와 되도록 비슷한 상태로 복원하고 그 라이에 플레이스 하여야 한다.

c. 위치가 불명인 경우

볼을 플레이스하거나 리플레이스할 지점을 결정하지 못한 경우 ;

(1) 스루 더 그린에서는 원위치에 되도록 가깝고 해저드 또는 퍼팅그린 위가 아닌 장소에 드롭 해야 한다.

(2) 해저드 내에서는, 해저드 내로서 원위치에 가장 가까운 장소에 드롭 해야 한다.

(3) 퍼팅 그린 위에서는, 해저드 아닌 장소로 원위치에 가장 가까운 장소에 플레이스를 해야 한다.

d. 정지하지 않는 볼

플레이스한 볼이 플레이스되어야 할 지점에 정지하지 않을 때에는 그 볼을 벌 없이 다시 플레이스하여야 한다. 그래도 볼이 그 지점에 정지하지 않을 때에는

(1) 해저드 이외의 장소에서는, 홀에 접근하지 않고 해저드 아닌 장소로 볼이 플레이스 될 수 있는 곳에 가장 가까운 지점에 플레이스해야 한다.

(2) 해저드 내에서는, 그 해저드 내로써 홀에 접근하지 않고 볼이 플레이스 될 수 있는 곳에 가장 가까운 지점에 플레이스해야 한다.

만일 볼이 플레이스 되어야 할 지점에 플레이스 되어 정지한 이후, 그 볼이 움직이면 벌은 없으며, 다른 적용할 조항이 없는 한 그 볼은 있는 그대로 플레이하여야 한다.

4. 드롭 또는 플레이스 하였을 때가 인 플레이 볼(When Ball Dropped or Placed Is in Play)

플레이어의 인 플레이 볼이 집어 올려졌으면 그 볼은 드롭 또는 플레이스 되었을 때 다시 인 플레이가 된다. 교체된 다른 볼은 드롭 또는 플레이스 되었을 때 인 플레이의 볼이 된다.

5. 전 스트로크를 한 곳에서 다음 스트로크의 플레이를 하는 경우(Playing Next Stroke from Where Previous Stroke Played)

규칙에 의하여, 플레이어가 전 스트로크를 플레이 한 곳에서 다음 스트로크의 플레이

를 선택할 때, 또는 하지 않으면 안 될 때 플레이어는 다음과 같은 처리를 하여야 한다. 스트로크를 티잉 그라운드에서 플레이할 경우는 티잉 그라운드 구역 내에서 플레이 하여야 하며 티업 할 수도 있다. 스루 더 그린 또는 해저드에서 플레이하는 경우에는 드롭 하여야 한다.

퍼팅 그린 위에서 스트로크를 할 경우에는 플레이스하여야 한다.

6. 부정확하게 교체나 드롭 또는 플레이스한 볼의 집어 올리기(Lifting Ball Incorrectly Substituted, Dropped or Placed)

   본 규칙에 반하여 부정확하게 교체되었거나 오소에 드롭 하였거나 또는 플레이스 되어도 아직 플레이하지 않은 볼은 벌 없이 집어 올릴 수 있다.

7. 오소에서의 플레이(Playing from Wrong Place)

   a. 매치 플레이

   플레이어가 오소에 드롭 또는 플레이스한 볼을 스트로크하면 그 홀의 패가 된다.

   b. 스트로크 플레이

   경기자가 (1) 오소에 드롭 또는 플레이스 하였거나 (2) 규칙에 의거, 리플레이스가 요구되었음에도 움직여진 볼을 리플레이스 하지 않은 자기의 인 플레이 볼을 스트로크 했을 때에 는 중대한 위반이 없는 한 해당되는 조항에 규정된 벌을 과한 후 그 볼로 그 홀을 끝내야 한다.

   오소로부터 플레이한 후 경기자가 그 사항을 인지하여 중대한 위반을 범했다고 믿는 경우 다음 티잉 그라운드에서 아직 스트로크를 행하기 전에, 한 라운드 최종 홀에서는 퍼팅 그린을 떠나기 전에 한하여 경기자는 제2의 볼을 규칙에 따라 드롭 또는 리플레이스 하여 그 볼로 그 홀을 종료할 뜻을 선언할 수 있다.

   경기자는 스코어 카드를 제출하기 전에 그 사실을 위원회에 보고해야 하며 만일 이를 이행하지 않을 경우 경기에 실격하게 된다. 위원회는 중대한 위반이 있었는지 여부를 재정해야 한다.

   중대한 위반이 있다고 재정되는 경우 제2의 볼의 스코어가 채택되며 경기자는 그 볼의 스코어에 2벌타를 가산해야 한다.

   중대한 위반이 있고 경기자가 상기의 조치대로 정정하지 않았을 경우 그 경기자는 실격된다.

6. 부정확하게 교체나 드롭 또는 플레이스한 볼의 집어 올리기(Lifting Ball Incorrectly Substituted, Dropped or Placed)

   본 규칙에 반하여 부정확하게 교체되었거나 오소에 드롭 하였거나 또는 플레이스 되어도 아직 플레이 하지 않은 볼은 벌 없이 집어 올릴 수 있으며 플레이어는 그 후에 올바르게 처리하여야 한다.

7. 오소에서의 플레이(Playing from Wrong Place)

   티잉 그라운드의 구역 외, 혹은 다른 티잉 그라운드에서의 플레이는 규칙11조 4항과 5항 참조

   a. 매치 플레이

      플레이어가 오소에 드롭 또는 플레이스한 볼을 스트로크하면 그 홀의 패가 된다.

   b. 스트로크 플레이

      경기자가 (1) 오소에 드롭 또는 플레이스 하였거나 (2) 규칙에 의거, 리플레이스가 요구되었음에도 움직여진 볼을 리플레이스 하지 않은 자기의 인플레이 볼을 스트로크 했을 때에는 중대한 위반이 없는 한 해당되는 조항에 규정된 벌을 과한 후 그 볼로 그 홀을 끝내야 한다.

      오소로부터 플레이한 후 경기자가 그 사람을 인지하여 중대한 위반을 범했다고 믿는 경우 다음 티잉 그라운드에서 아직 스트로크를 행하기 전에, 한 라운드 최종 홀에서는 퍼팅 그린을 떠나기 전에 한하여 경기자는 제2의 볼을 규칙에 따라 드롭 또는 리플레이스 하여 그 볼로 그 홀을 종료할 뜻을 볼로 그 홀을 종료할 뜻을 선언할 수 있다.

      경기자는 스코어 카드를 제출하기 전에 그 사실을 위원회에 보고 해야 하며 만일 이를 이행하지 않았을 경우 경기에 실격하게 된다. 위원회는 중대한 위반이 있었는지 여부를 재정해야 한다. 중대한 위반이 있다고 재정되는 경우 제2의 볼의 스코어가 채택되며 경기자는 그 볼의 스코어에 2벌타를 가산해야 한다.

      중대한 위반이 있고 경기자가 상기의 조치대로 정정하지 않았을 경우 그 경기자는 실격된다.

제21조 볼을 닦는 일(Cleaning Ball)

퍼팅 그린 위의 볼은 제16조 1항 b에 따라 집어 올렸을 경우 닦을 수 있다. 기타의 장소에서는 다음 경우를 제외하고 집어 올려진 볼을 닦을 수 있다.

a. 플레이에 적합한 볼인가 아닌가를 결정하기 위하여 집어 올렸을 때(제5조 3항)
b. 식별을 위하여 볼을 집어 올렸을 경우 단, 이 경우 식별에 필요한 한도만큼 닦는 것이 허용(제12조2항)
c. 플레이의 방해 또는 원조가 되기 때문에 볼을 집어 올렸을 경우(제22조)

제22조 플레이의 방해 또는 원조가 되는 볼(Ball Interfering with or Assisting Play)
플레이어는 다음의 행동을 할 수 있다.

a. 자기의 볼이 다른 플레이어의 원조가 된다고 생각할 경우 그 볼을 집어 올리거나
b. 다른 볼이 자기의 플레이에 방해가 되거나, 다른 플레이어의 플레이에 원조가 된다고 생각하는 경우에는 그 볼을 집어 올리게 할 수 있다. 단, 다른 볼이 움직이고 있는 동안은 이 처리를 하는 것이 허용되지 않는다.
스트로크 플레이에서는 자기 볼을 집어 올릴 것을 요구 당한 플레이어는 집어 올리기보다 오히려 먼저 플레이할 수 있다. 본조에 의하여 집어올린 볼은 리플레이스 하여야 한다.

제23조 루스 임페디먼트(Loose Impediments)

루스 임페디먼트

자연물로써 고정되어 있지 않거나 또는 생장하지 않고, 땅에 단단히 박혀 있지 않으며, 볼에 부착되어 있지 않은 돌, 나뭇잎, 나뭇가지 같은 것들과 동물의 분, 벌레들과 그들의 배설물 및 이것들이 쌓여 올려진 것들을 말한다. 모래 및 흩어진 흙은 퍼팅 그린 위에 있는 경우에 한하여 루스 임페디먼트이다.
서리 이외의 눈과 천연얼음 등은 캐주얼워터 또는 루스 임페디먼트로 치는데 이는 플레이어의 선택에 따른다. 인공의 얼음은 장해물이다.
이슬과 서리는 루스 임페디먼트가 아니다.

1. 구 제(Relief)

루스 임페디먼트와 볼이 동일 해저드 내에 정지하고 있거나 접촉되어 있는 경우를 제외하고, 모든 루스 임페디먼트는 벌 없이 제거할 수 있다.
플레이어의 볼이 움직이고 있을 때는 볼의 이동에 영향을 줄만한 루스 임페디먼트를 제거해서는 안된다.

2. 잠정구(Provisional Ball)

a. 처리

볼이 워터 해저드 밖에서의 분실 또는 아웃오브바운드의 염려가 있는 때에는 시간절약을 위하여 그 볼을 플레이한 원위치에 가능한 한 가까운 곳에서 잠정적으로 다른 볼을 플레이 할 수 있다.(제20조 5항 참조)플레이어는 매치 플레이에서는 상대방, 스트로크 플레이에서는 자기의 마커 또는 동반경기자에게 잠정구를 플레이할 의사를 통고하고 플레이어 또는 파트너가 원구를 찾으러 나가기 전에 플레이 하여야 한다. 이것을 진행하지 않고 다른 볼을 플레이 하면 그 볼은 잠정구가 아니고 스트로크와 거리의 벌에 의하여 인플레이 볼이 되며 (제27조 1항)원구는 분실구로 친다.

b. 잠정구가 인플레이의 볼이 되는 경우

플레이어는 원구가 있다고 생각하는 곳에 도달할 때까지는 그 잠정구를 몇 번이라도 플레이 할 수 있다.

만일 플레이어가 원구가 있다고 생각하는 곳으로부터 또는 그곳보다 홀에 가까운 지점으로부터 잠정구를 플레이한 경우 원구는 분실로 간주되며 잠정구는 스트로크와 거리의 벌에 의하여 인플레이볼이 된다. (제27조 1항).

원구가 워터해저드 밖에서 분실 또는 아웃오브바운드가 된 경우 잠정구는 스트로크와 거리의 벌에 의하여 인 플레이 볼이 된다.(제27조 1항).

c. 잠정구를 포기할 때

원구가 워터해저드 밖에서 분실되지 않았고 또는 아웃오브바운드도 아니면 플레이어는 잠정구를 포기하고 원구로 프레이를 계속하여야한다. 만일 이것을 불이행한 때에는 잠정구로 스트로크한 그 이후의 플레이는 오구의 플레이로 간주하여 제15조 규정이 적용된다.

제24조 장해물(Obstructions)

가장 가까운 구제지점

움직일 수 없는 장해물규칙 제24조2항, 비정상적인 코스 상태규칙 제25조 1항 또는 목적 이외의 퍼팅그린규칙 제25조 3항에 의한 방해로부터 벌 없이 구제 받을 수 있는 기점을 말한다. 이 지점은 볼이 놓여 있는 곳에 가장 가까운 지점으로 홀에 더 가깝지 않고, 볼이 그 지점에 정지해 있으면 방해(정의 한 바와 같은)가 없는 지점이다.

장해물

모든 인공의 물건으로써, 도로와 통로의 인공의 표면과 측면 및 인공의 얼음(빙) 등을 포함한다. 단, 다음의 것은 제외된다.

a. 아웃 오브 바운드를 표시하는 벽, 담(원), 말뚝(항) 및 울타리.

b. 아웃 오브 바운드에 있는 움직이지 못하는 인공물건의 모든 부분.

c. 코스와 불가분한 것이라고 위원회가 지정한 모든 구축물

움직일 수 있는 장해물은 무리한 노력을 들이지 않고 플레이를 지연시키지 않으며, 손상을 입히지 않고 옮겨질 수 있는 장해물을 말한다. 그렇지 않을 경우는 움직일 수 없는 장해물이다.

1. 움직일 수 있는 장해물(Movable Obstruction)

플레이어는 아래와 같이 움직일 수 있는 장해물로부터의 구제를 받을 수 있다.

a. 볼이 그 장해물의 안 또는 위에 있지 않을 때에는 그 장해물을 제거할 수 있다. 만일 볼이 움직인 경우 리플레이스 하여야 하며 그러한 이동이 장해물의 제거에 전적으로 기인한 경우 벌은 부가되지 않는다. 그 밖의 경우는 규칙 18조 2a항이 적용된다.

b. 볼이 장해물의 안 또는 위에 있을 때에는 벌 없이 볼을 집어 올려 장해물을 제거할 수 있다. 그 볼은 장해물의 안 또는 위에 있던 곳의 바로 밑의 지점에 가능한 한 가깝고 홀에 가깝지 않은 지점에, 스루 더 그린 또는 해저드에서는 드롭, 퍼팅 그린 위에서는 플레이스하여야 한다.

제24조 1항에 의하여 집어 올린 볼은 닦을 수 있다.

볼이 움직이고 있을 때는 사람이 붙어서 있는 깃대 또는 플레이어들의 휴대품이외에 볼의 이동에 영향을 줄만한 장해물을 제거 하여서는 안된다.

2. 움직일 수 없는 장해물(Immovable Obstruction)

a. 방해

볼이 장해물의 안 또는 위에 있던가, 볼이 이에 접근한 곳에 정지하여 플레이어의 스탠스 또는 의도하는 스윙의 구역을 방해할 정도일 때는 움직일 수 없는 장해물에 의한 방해가 생긴 것으로 한다.

플레이어의 볼이 퍼팅 그린 위에 있고 퍼팅 그린 위에 움직일 수 없는 장해물이 있어서 플레이어의 퍼트의 선을 방해할 경우에도 방해가 생긴 것으로 한다.

위의 경우 이외에 플레이의 선상에 있는 장해물 그 자체는 본 항에서 말하는 방해가 아니다.

b. 구제

볼이 워터 해저드 또는 래터럴 워터 해저드 내에 있을 때를 제외하고 플레이어는 다음과 같이 움직일 수 없는 장해물에 의한 방해로부터의 구제를 벌 없이 받을 수 있다.

(1) 스루 더 그린

볼이 스루 더 그린에 정지하고 있을 때, 해저드 또는 퍼팅 그린이 아닌 곳으로 가장 가까운 구제지점을 결정하여야 한다. 플레이어는 볼을 집어 올려서 움직일 수 없는 장해물로부터 방해를 피하고, 해저드나 퍼팅그린이 아닌 코스상의 한 지점에, 가장 가까운 구제지점으로부터 1클럽 길이 이내에 홀에 가깝지 않게 드롭 하여야 한다.

(2) 벙커 내

볼이 벙커 내에 또는 있을 때 플레이어는 그 볼을 집어 올려 상기(1)의 조항에 의하여 드롭 하여야 한다. 단, 가장 가까운 구제지점은 벙커 안에 있어야 하며 반드시 그 벙커 내에 드롭 하여야 한다.

(3) 퍼팅 그린위

볼이 퍼팅 그린 위에 정지하고 있을 때 플레이어는 그 볼을 집어 올려 해저드 내가 아닌 가장 가까운 구제지점에 플레이스 하여야 한다. 가장 가까운 구제지점은 퍼팅 그린을 벗어나도 된다.

제24조 2항 b에 의한 구제를 위하여 집어 올린 볼은 닦을 수 있다.

(볼이 방해에 의한 구제를 받았던 장소로 다시 굴러 들어간 경우는 제20조2항 c(5) 참조)

예외: 플레이어는 (a) 그의 스트로크의 방해가 움직일 수 없는 방해물 이외의 물건에 의한 것임이 분명한 때 (b) 장해물에 의한 방해가 불필요한 비정상적인 스탠스, 스윙 또는 플레이 방향을 취할 때에만 생기는 경우는 제24조2항 b에 의한 구제를 받을 수 없다.

c. 분실된 볼

움직일 수 없는 장해물 쪽으로 볼을 친 후 분실된 볼이 그 장해물 안에서 분실되었는지의 여부는 사실입증에 관한 문제가 된다. 볼이 그 장해물 안에서 분실 된 것으로 처리하기 위해서는 그런 취지의 합리적인 증거가 있어야 한다. 그러한 증거가 없을 때에는 그 볼을 분실구로 처리하여야 하며, 규칙 제27조를 적용한다.
볼이 움직일 수 없는 장해물 안에서 분실된 경우 볼이 장해물에 최후로 들어간 지점이 결정되어야 하며, 본 규칙의 적용 목적상 볼이 그 지점에 있었던 것으로 간주하여야 한다.

(1) 스루 더 그린

볼이 움직일 수 없는 장해물에 최후로 들어간 곳이 스루더 그린의 한 지점인 경우 플레이는 벌 없이 다른 볼로 교체할 수 있으며, 규칙 제24조 2항 b(1)에 규정된 바에 따라 구제를 받을 수 있다.

(2) 벙커안

볼이 움직일 수 없는 장해물에 최후로 들어간 곳이 벙커 안의 한 지점인 경우 플레이어는 벌 없이 다른 볼로 교체할 수 있으며, 규칙 제24조2항 b(2)에 규정된 바에 따라서 구제를 받을 수 있다.

(3) 해저드안(래터럴 워터 해저드 포함)

볼이 움직일 수 없는 장해물에 최후로 들어간 곳이 그린 위의 한 지점인 경우 플레이어는 벌 없이 구제를 받을 수 없다. 플레이어는 규칙 제26조1항에 의하여 처리하여야 한다.

(4) 퍼팅 그린 위

볼이 움직일 수 없는 장해물에 최후로 들어간 곳이 그린 위의 한 지점인 경우 플레이어는 벌 없이 다른 볼로 교체할 수 있으며, 규칙 제24조2항 b(3)에 규정된 바에 따라서 구제를 받을 수 있다.

제25조 비정상적인 코스의 상태 및 목적 외의 퍼팅 그린(Abnormal Ground Conditions and Wrong Putting Green)

비정상적인 코스상태

캐주얼 워터, 수리지 또는 구멍파는 동물이나 파충류, 새들에 의해 코스 상에 만들어진 구멍, 배설물, 통로를 말한다.

구멍 파는 동물

토끼, 두더지, 마멋, 뒤지 및 도롱뇽과 같이 주거나 은신처를 위하여 구멍을 파는 동물을 말한다.

캐주얼 워터

플레이어가 스탠스를 취하기 이전 또는 이후에 볼 수 있는 코스 상에 일시적으로 고인 물을 말하며 워터 해저드 내에 있지 않다.

서리 이외의 눈과 천연얼음 등은 캐주얼 워터 또는 루스 임페디먼트로 치는데 이는 플레이어의 선택에 따른다.
인공의 얼음은 장해물이다.
이슬과 서리는 캐주얼 워터가 아니다.

볼이 캐주얼 워터 안에 놓여 있거나 볼의 일부라도 캐주얼 워터에 접촉하고 있으면 캐주얼 워터의 볼이다.

수리지

위원회의 지시로 혹은 그 대행자에 의하여 수리지로 선언된 코스내의 구역이다. 수리지에는 표식이 없어도 다른 곳으로 옮기기 위하여 쌓아 올려놓은 물건과 그린 키퍼가 만든 구멍도 포함된다. 수리지의 경계를 표시하는 말뚝 또는 선은 수리지에 포함된다.

수리지 안의 모든 지면과 잔디, 관목, 나무 또는 기타 생장물은 수리지의 일부분이다. 수리지 구역의 한계는 수직 아래쪽으로 연장될 뿐 위쪽으로는 아니다. 수리지 경계를 표시하는 말뚝 또는 선은 수리지에 포함된다. 수리지를 표시하는 말뚝은 장해물이다. 볼이 수리지 안에 놓여있거나 볼의 일부분이라도 수리지에 접촉하고 있을 때 수리지 안의 볼이다. 수리지 구역의 한계는 수직 아래쪽으로 연장될 뿐 위쪽으로는 아니다. 볼이 수리지 안에 놓여 있거나 볼의 일부라도 수리지에 접촉하고 있으면 수리지의 볼이다.
가장 가까운 구제지점
움직일 수 없는 장해물규칙 제24조 2항, 비정상적인 코스상태규칙 제25조1항 또는 목적 이외의 그린 규칙 제25조 3항에 의한 방해로부터 벌 없이 구제 받을 수 있는 기점을 말한다. 이 지점은 볼이 놓여 있는 곳에 가장 가까운 지점으로 홀에 더 가깝지 않고, 볼이 그 지점에 정지해 있으면 방해(정의한 바와 같은)가 없는 지점이다.
목적 외 퍼팅 그린

현재 플레이되는 홀의 그린 이외의 모든 퍼팅 그린을 말한다. 위원회가 별도로 사전에 정하지 않는 한 이 용어에는 코스상의 연습 그린과 피칭 그린을 포함한다.

1. 비정상적인 코스상태 (Abnormal Ground Conditions)

a. 방해

비정상적인 코스상태 내에 볼이 들어가 있거나 접촉하고 있을 때, 또는 그러한 코스의 상태가 플레이어의 스탠스나 의도하는 스윙의 구역을 방해할 경우에는 방해가 생긴 것으로 한다.

만일 플레이어의 볼이 퍼팅그린 위에 있고 퍼팅 그린위에 그러한 상태가 플레이어의 퍼트의 선상에 있을 경우도 방해가 생긴 것으로 한다. 그러나 플레이의 선상의 방해는 그 자체로써 본 규정에 의한 방해는 아니다.

b. 구제

볼이 워터 해저드 또는 래터럴 워터 해저드 내에 있는 경우를 제외하고 플레이어는 비정상적인 코스상태로 인한 방해로부터 다음과 같이 구제 받을 수 있다.

(1) 스루 더 그린

볼이 스루 더 그린에 있는 경우 해저드 안 혹은 퍼팅그린 위가 아닌 곳으로 가장 가까운 구제지점을 결정하여야 한다.

플레이어는 볼을 집어 올려서 가장 가까운 구제지점보다 홀에 더 가깝지 않고, 해저드 안 혹은 퍼팅 그린 위가 아닌 곳으로 그 상태에 의한 방해(정의한 바와 같은)를 피할 수 있는 코스상의 일부 지점에서 1클럽 길이 이내에 벌 없이 드롭 하여야 한다.

(2) 벙커안

볼이 벙커 안에 있는 경우 플레이어는 볼을 집어 올려서 다음의 한 지점에 드롭 하여야 한다.

- 벌 없이 위의 (1)항에 따라서 결정한 지점 다만 다음의 경우는 위의 (1)항에서 제외한다. 즉, 가장 가까운 구제지점은 벙커 안 이어야 하며, 볼도 벙커 안에서 드롭 하여야 한다. 완전한 구제가 불가능할 경우에는 홀에 더 가깝지 않고, 그 상태에서 최대한 구제를 받을 수 있는 코스상의 일부지점으로 볼이 놓여 있었던 곳에 될수록 가까운 벙커 안에 드롭 하여야 한다.
- 1벌타를 받고 벙커 바깥에 홀과 볼이 놓여 있었던 지점을 연결한 후방 선상의 지점, 이때 그 지점이 벙커 후방이면 아무리 멀리 떨어져도 그 거리에는

제한이 없다.

(3) 퍼팅 그린 위

볼이 그린 위에 있는 경우 플레이어는 벌 없이 그 볼을 집어 올려서 해저드 안이 아닌 곳으로 가장 가까운 구제지점에 플레이스 하거나, 만일 완전한 구제가 불가능하면 홀에 더 가깝지 않고 그 상태에서 최대한의 구제를 받을 수 있는 곳으로 볼이 놓여 있었던 곳에 가장 가까운 장소에 플레이스 하여야 한다.

가장 가까운 구제지점 혹은 최대한의 구제지점은 그린 밖이 될 수도 있다.

본제 25조1항 b에 의하여 집어 올린 때는 그 볼을 닦을 수 있다. (구제처리를 취한 결과 방해상태의 지점으로 다시 볼이 굴러 들어간 경우에는 제20조 2항 c (5) 참조)

예외:

- 제25조 1항 a에 명시된 조건 이외의 상태로 인하여 스트로크에 분명하게 방해가 된 때, 또는
- 방해가 불필요한 비정상적인 스탠스, 스윙 또는 플레이 방향을 취할 때에 생기는 경우는 플레이어는 제25조 1항 b에 의한 구제를 받을 수 없다.

c. 분실구

볼이 비정상적인 코스 상태로의 방향으로 맞고 난 후에 분실되었을 때에는 그러한 상태로 인하여 분실되었는가의 여부는 사실입증에 관한 문제가 된다. 그 볼이 비정상적인 코스 상태에서 분실된 것이라고 처리하기 위하여서는 그런 취지의 합리적인 증거가 있어야 한다. 그러한 증거가 없을 경우 그 볼은 분실구로 처리하여야 하고 제27조를 적용한다.

볼이 비정상적인 코스 상태에서 분실되었다면, 볼이 그 코스 상태에 최후로 들어간 지점을 결정하여야 하며, 본 규정을 적용하기 위해 그 볼은 이러한 지점에 놓여 있는 것으로 간주 되어야 한다.

(1) 스루더 그린

볼이 비정상적인 코스상태에 최후로 들어간 곳이 스루 더 그린의 한 지점인 경우 플레이어는 벌 없이 다른 볼로 교체할 수 있으며, 규칙 제25조 1항 b(1)에 규정된 바에 따라서 구제를 받을 수 있다.

(2) 벙커 안

볼이 비정상적인 코스상태에 최후로 들어간 곳이 벙커안의 한 지점인 경우 플레이어는 벌 없이 다른 볼로 교체할 수 있으며, 규칙 제25조 1항 b(1)에 규정된 바에 따라서 구제를 받을 수 있다.

(3) 워터 해저드 안(래터럴 워터 해저드 포함)

볼이 비정상적인 코스상태에 최후로 들어간 곳이 워터 해저드 안의 한 지점인 경우 플레이어는 벌 없이 구제를 받을 수 없다. 플레이어는 규칙 제26조1 항에 의하여 처리 하여야 한다.

(4) 퍼팅 그린위

볼이 비정상적인 코스상태에 최후에 들어간 곳이 그린위의 한 지점인 경우 플레이어는 벌 없이 다른 볼로 교체할 수 있으며, 규칙 제25조1항 b(3)에 규정된 바에 따라서 구제를 받을 수 있다.

2. 지면에 박힌 볼(Embedded Ball)

스루 더 그린의 짧게 깎은 구역 내에 낙하의 충격으로 자체의 피치 마크에 박힌 볼은 벌 없이 집어 올려 닦은 후 원위치에 가장 가깝고 홀에 접근하지 않는 지점에 드롭할 수 있다. 드롭 할 때는 볼은 스루 더 그린 내 코스의 일부에 먼저 닿아야 한다.

"짧게 깍은 구역"이라 함은 러프를 건너가는 통로를 포함하여 페어웨이의 잔디 높이 이하로 깍은 코스 상의 모든 구역을 의미한다.

3. 목적 외의 퍼팅 그린(Wrong Putting Green)

• 방 해

볼이 목적 외의 퍼팅 그린 위에 있을 때 목적 외의 퍼팅 그린에 의한 방해가 생긴 것으로 한다. 플레이어의 스탠스나 의도하는 스윙 구역에 대한 방해 그 자체는 규칙에 서 취급하는 방해가 아니다.

• 구 제

플레이어가 목적 외 퍼팅 그린에 의한 방해를 받았을 때, 다음과 같이 벌 없이 구제조치를 취하여야 한다. 가장 가까운 구제지점은 해저드 안이나 그린 위가 아닌 곳으로 결정되어야 한다. 플레이어는 볼을 집어 올려 가장 가까운 구제지점은 해저드 안이나 그린위가 아닌 곳으로 결정되어야 한다. 플레이어는 볼을 집어 올려 가장 가까운 구제지점보다 홀에 가깝지 않게 1클럽 길이 이내에 드롭 하여야 한다. 이 지점은 해저드나 퍼팅그린이 아닌 곳으로서 목적 외 퍼팅 그린에 의한 방해를 피하는 코스상의 일부분에 있는 곳이어야 한다.

제26조 워터 해저드(래터럴 워터해저드 포함)
(Water Hazards Including Lateral Water Hazards)

워터 해저드

모든 바다, 호수, 못(지), 하천, 도랑, 배수구의 표면 또는 뚜껑이 없는 수로(물의 유무를 불문) 및 이와 유사한 수역을 말한다.

워터 해저드 구역 경계 내의 모든 지면 또는 수면은 그 워터 해저드의 일부분이다.

워터 해저드의 경계선은 수직으로 그 위아래까지 연장 적용된다.

워터 해저드 구역의 경계를 표시하는 말뚝과 선은 해저드 안이며 그러한 말뚝은 장해물이다. 볼이 워터 해저드 내에 놓여 있거나 볼의 일부가 워터 해저드에 접촉하고 있으면 워터 해저드 안의 볼이다.

래터럴 워터 해저드

워터 해저드 또는 그 일부로써 제26조 1항 b에 따라 볼이 해저드의 경계선을 최후에 넘어간 점과 홀과의 선상 후방에 볼을 드롭하기가 불가능하거나 위원회가 그렇다고 인정한 위치의 워터 해저드나 그 일부를 말한다.

래터럴 워터 해저드로써 플레이해야 되는 워터 해저드의 부분은 명백히 표시되어야 한다. 볼이 래터럴 워터 해저드 내에 놓여 있거나 볼의 일부라도 래터럴 워터 해저드에 접촉하고 있으면 래터럴 워터 해저드의 볼이다.

1. 워터 해저드에 들어간 볼(Ball in Water Hazard)

   볼이 워터 해저드 방향으로 간 후에 분실된 때 그 해저드에서 분실되었는가, 그 밖에서 분실되었는가의 여부는 사실입증에 관한 문제가 된다. 그 볼이 해저드 내에서 분실된 것이라고 처리하기 위하여서는 그 볼이 해저드 안에 들어갔다는 합리적인 증거가 있어야 한다. 그러한 증거가 없을 경우에는 그 볼은 분실구로 처리하여야 하며 제27조를 적용한다.

   볼이 워터 해저드 내에 있던가, 또는 분실된 경우(볼이 수중에 있고 없고에 불구하고)는 플레이어는 1벌타의 벌을 부가하고 다음 처리 중 하나를 할 수 있다.

   a. 원구를 앞서 플레이한 장소에 되도록 가까운 지점에서 다음 스트로크를 한다(제20조 5항 참조).

b. 볼이 최후에 워터 해저드 구역의 경계를 넘어선 지점과 홀을 연결하는 직선상으로 그 워터 해저드 후방에 드롭 한다. 볼을 드롭 할 수 있는 워터 해저드의 후방의 거리에는 제한이 없다.

c. 볼이 래터럴 워터 해저드의 경계를 최후로 넘었을 때 추가로 행사할 수 있는 선택은 홀에 가깝지 않게 다음 지점으로부터 2클럽 길이 이내에서 워터 해저드 밖에 드롭 한다.

(1) 원구가 워터 해저드의 경계를 최후로 넘은 지점

(2) 홀로부터 등거리에 있는 워터 해저드 건너편 대안의 경계상의 지점

본조에 의한 집어 올린 볼은 닦을 수 있다.

(워터 해저드의 수중의 움직이는 볼—제14조6항 참조)

2. 워터 해저드 내에서 플레이한 볼(Ball Played Within Water Hazard)

a. 볼이 해저드 밖으로 나가지 않은 경우

워터 해저드 내에서 플레이한 볼이 스트로크 후에도 동일한 해저드의 구역을 벗어나지 못할 경우 플레이어는

(1) 규칙 26조 1항에 의해 처리하거나

(2) 1벌타를 추가하고 해저드 밖에서 볼을 앞서 플레이한 곳에 되도록 가까운 지점에서 다음 스트로크를 할 수 있다(규칙 20조 5항 참조). 플레이어가 규칙 26조 1a항에 의해 처리할 경우 드롭 한 볼을 치지 않아도 좋다. 그럴 경우:

- 추가로 1벌타를 부가하고 규칙 26조 1b항에 의거 조치하거나
- 적용 가능할 경우 추가로 1벌타를 부가하고 규칙 26조1c항에 의거하여 처리하거나,
- 추가로 1벌타를 부가하고 해저드 밖에서 앞서 플레이한 곳에 가장 가까운 지점에서 플레이

b. 해저드 밖에서 분실 또는 언플레이어볼 혹은 아웃 오브 바운드 된 볼

워터해저드 내에서 플레이한 볼이 그 해저드 밖에서 분실되거나 언플레이어볼이 되거나 또는 아웃 오브 바운드가 된 경우 규칙 27조 1항 또는 28조 a항에 의하여 1벌타를 부가한 후에:

(1) 해저드 내에서 원구를 앞서 플레이한 곳에 되도록 가까운 지점에서 플레이하거나

(2) 규칙 26조 1b에 따라 혹은 적용 가능할 경우규칙 26조 1c에 따라 1벌타를 부

가하고 볼이 해저드에 들어오기 전에 해저드의 경계선을 최후로 넘은 지점을 기준으로 하여 규칙에 의거 처리하거나

(3) 1벌타를 추가로 부가하고 해저드 밖에서 앞서 플레이 되었던 지점과 되도록 가까운 곳에서 플레이 한다.

제27조 분실구 또는 아웃 오브 바운드: 잠정구(Ball Lost or Out of Bounds;Provisional Ball)

분실구

다음의 경우는"분실구"이다.

a. 플레이어, 그의 사이드 또는 이들의 캐디가 찾기 시작하여 5분 이내에 발견하지 못하거나 자기의 볼임을 플레이어가 확인하지 못한 때.

b. 원구를 찾지 않고 본 규칙에 따라 다른 볼을 플레이한 때.

c. 원구가 있을 것으로 생각되는 장소로부터 또는 그 장소보다 홀에 가까운 지점에서 잠정구를 플레이한 때—이 이후는 잠정구가 인 플레이의 볼이 된다.

오구의 플레이에 소비한 시간은 수색을 위하여 부여된 5분간에 산입하지 않는다.

아웃 오브 바운드

코스의 경계선을 넘어선 장소 또는 위원회가 그렇게 표시한 코스의 일부를 말한다.

아웃 오브 바운드가 말뚝이나 울타리를 기준으로 표시할 경우나 또는 볼이 말뚝이나 울타리를 넘었는가를 문제로 할 때 그 아웃 오브 바운드의 선은 말뚝이나 울타리(지주를 포함하지 않은) 기둥의 지면에 접한 가장 가까운 안쪽 점에 의하여 결정된다. 아웃 오브 바운드가 지상의 선으로 표시되었을 때 그 선 자체는 아웃 오브 바운드이다. 아웃 오브 바운드의 선은 수직으로 상하에 연장된다. 볼의 전체가 아웃 오브 바운드에 있을 때는 아웃 오브 바운드의 볼이 된다. 플레이어는 코스 내에 있는 볼을 플레이하기 위하여 아웃 오브 바운드에 설 수 있다.

잠정구

제27조 2항에 의하여 볼이 워터 해저드 이외에서 분실 또는 아웃 오브 바운드의 염려가 있을 때 플레이하는 볼을 말한다.

1. 분실구 또는 아웃 오브 바운드의 볼(Ball Lost or Out of Bounds)

볼이 워터 해저드 밖에서 분실되거나 아웃 오브바운드에 들어간 때에는 플레이어는

1타 벌을 받고 그 볼을 앞서 플레이한 지점, 또는 되도록 그곳에 가까운 지점에서 볼을 플레이하여야 한다.

예외:

- 원구가 워터 해저드에서 분실 되었다는 합리적인 증거가 있는 경우 플레이어는 규칙26-1에 의거 처리 하여야 한다.
- 원구가 움직일 수 없는 장해물(규칙 24-2c) 또는 비정상적인 코스 상태(규칙 25-1c)내에서 분실되었다는 합리적인 증거가 있는 경우 플레이어는 적용할 수 있는 규칙에 의하여 처리할 수 있다.

2. 잠정구(Provisional Ball)

a. 처리

볼이 워터 해저드 밖에서의 분실 또는 아웃 오브바운드의 염려가 있는 때에는 시간절약을 위하여 그 볼을 플레이한 원위치에 가능한 한 가까운 곳에서 잠정적으로 다른 볼을 플레이 할 수 있다.

플레이어는 매치 플레이에서는 상대방, 스트로크 플레이에서는 자기의 마커 또는 동반경기자에게 잠정구를 플레이할 의사를 통고하고 플레이어 또는 파트너가 원구를 찾으러 나가기 전에 플레이하여야 한다. 이것을 이행하지 않고 다른 볼을 플레이하면 그 볼은 잠정구가 아니고 스트로크와 거리의 벌에 의하여 인플레이 볼이 되며(제27조 1항)원구는 분실구로 친다.

b. 잠정구가 인 플레이의 볼이 되는 경우

플레이어는 원구가 있다고 생각하는 곳에 도달할 때까지는 그 잠정구를 플레이할 수 있다. 만일 플레이어가 원구가 있다고 생각하는 곳으로부터 또는 그곳보다 홀에 가까운 지점으로부터 잠정구를 플레이한 경우 원구는 분실로 간주되며 잠정구는 스트로크와 거리의 벌에 의하여 인 플레이 볼이 된다.

원구가 워터 해저드 밖에서 분실 또는 아웃 오브 바운드가 된 경우 잠정구는 스트로크와 거리의 벌에 의하여 인 플레이 볼이 된다.

c. 잠정구를 포기할 때

원구가 워터 해저드 밖에서 분실되지 않았고 또는 아웃 오브 바운드도 아니면 플레이어는 잠정구를 포기하고 원구로 플레이를 계속하여야 한다. 만일 이것을 불리행한 때에는 잠정구로 스트로크한 그 이후의 플레이는 오구의 플레이로 간주하여

제15조의 규정이 적용된다.

제28조 언플레이어블의 볼(Ball Unplayable)

볼의 언플레이어블 여부는 그 볼의 소유자인 플레이어만이 결정할 수 있으며 워터 해저드 내에 있는 경우를 제외한 코스의 어느 곳에서나 언플레이어블을 선언할 수 있다.
플레이어는 자기 볼이 언플레이어블인가 아닌가를 결정할 유일한 사람이다.
만일 플레이어가 자기의 볼을 언플레이어블로 정할 때에는 1타 벌을 부가하고 다음 각 항의 처리 중 하나를 택하여야 한다.

a. 볼을 앞서 플레이한 곳에 되도록 가까운 장소에서 다음 스트로크를 한다.
b. 볼이 있는 곳에서 2 클럽 길이 이내로 홀에 접근하지 않는 지점에 드롭 한다.
c. 홀과 볼이 있었던 지점을 연결하는 직선상으로 전위치보다 후방에 거리의 제한 없이 볼을 드롭 할 수 있다.

만일 언플레이어블의 볼이 벙커 내에 있을 경우에도 플레이어는 a, b, c항에 의하여 처리할 수 있다.
다만 b나 c항을 선택한 경우 볼은 벙커 내에서만 드롭 되어야 한다.
본조에 의하여 집어 올린 볼은 닦을 수 있다.

제29조 스리섬과 포섬(Threesomes and Foursomes)

스리섬이란 1명의 플레이어가 다른 2명에 대항하여 각 사이드가 1개의 볼을 플레이하는 매치이다.
포섬이란 2명이 2명에 대항하여 각 사이드가 1개의 볼을 플레이하는 매치이다.

1. 통칙(General)

스리섬 또는 포섬의 매치에서는 정규의 라운드 중 파트너들은 각 티잉 그라운드에서 교대로 플레이하며 또 각 홀에서의 플레이도 교대로 플레이하여야 한다.
벌타가 있을 때에도 플레이의 순서에는 영향을 미치지 않는다.

2. 매치 플레이(Match Play)

자기의 파트너의 타순일 때 플레이어가 플레이하면 그 사이드는 그 홀의 패.

3. 스트로크 플레이(Stroke Play)

파트너가 타순을 잘못하여 1타 또는 그 이상 플레이한 때는 그러한 스트로크는 취소되고 그 사이드는 2타의 벌이 부가되며 잘못된 타순으로 플레이를 시작한 가능한 한 가까운 지점에 되돌아가 볼을 플레이함으로써 그 잘못을 정정해야 한다(제20조 5항 참조).

사이드가 잘못을 정정하지 않고 다음 티잉 그라운드에서 스트로크하거나 또는 그 라운드의 최종 홀의 경우는 퍼팅그린을 떠나기 전에 처음 잘못을 정정할 의사를 선언하지 않을 경우 그 사이드는 실격이 된다.

제30조 스리볼, 베스트볼 및 포볼의 매치 플레이(Three Ball, Best-Ball and Four-Ball Match Play)

스리볼

스리볼이란 3명이 서로 대항하여 각자의 볼을 플레이하는 매치이다.

베스트볼

베스트볼이란 1명의 플레이어가 2명 또는 3명으로 된 사이드에 대항하여, 2명 이상의 사이드는 각자의 볼을 플레이하되 그중 각 홀마다의 최소 스코어를 그 사이드의 스코어로 하는 매치이다.

포볼

포볼이란 2명이 2명에 대항하여 각 플레이어는 각자의 볼을 플레이하며 각 홀마다 그 사이드의 적은 스코어를 그 사이드의 스코어로 하는 매치이다.

1. 골프규칙의 적용(Rules of Golf Apply)

   다음의 특별규칙에 저촉하지 않는 한, 골프 규칙은 스리볼, 베스트볼 및 포볼의 각 매치에도 적용된다.

2. 스리볼의 매치 플레이(Three Ball Match Play)

   a. 정지하고 있는 볼을 상대방이 움직인 경우

      규칙에서 따로 정한 경우를 제외하고 만일 플레이어의 볼이 수색 중 이외의 경우에 상대방, 그의 캐디 또는 그들의 휴대품에 의하여 움직여지거나 또는 접촉되었을 때에는 제18조 3항 b를 적용한다. 그 상대방은 그 볼의 소유자와의 매치에서 1타의 벌이 부가된다. 그러나 다른 상대방과의 매치에서는 벌은 없다.

   b. 우연히 상대방에 맞은 볼

      플레이어의 볼이 우연히 상대방, 그의 캐디 또는 그들의 휴대품에 의하여 정지하거나 또는 방향이 변경되어도 벌은 없다.

      플레이어는 그 상대방과의 매치에서 그 볼을 있는 상태 그대로 플레이하던가, 어느 쪽 사이드든 다음 스트로크를 하기 전에 그 스트로크를 취소하고 벌 없이 원구를 앞서 플레이 하였던 지점에 되도록 가까운 곳에서 볼을 플레이 할 수 있다(제20조 5항 참조).

다른 상대방과의 매치에서는 볼은 있는 상태 그대로 플레이되어야 한다.

3. 베스트볼과 포볼의 매치 플레이(Best-Ball and Four-Ball Match Play)

a. 사이드의 대표자

한 사이드는 1명의 파트너에 그 매치의 전부 또는 그 일부를 대표시킬 수 있으며 꼭 파트너 전원이 출장할 필요는 없다. 출장하지 않았던 파트너는 홀과 홀 사이에서 매치에 참가할 수 있지만 한 홀의 플레이 중에는 안 된다.

b. 클럽은 14개가 한도

어느 파트너든 제4조 4항을 위반한 때에는 그 사이드에게 벌이 부가된다.

c. 플레이의 순서

같은 사이드의 볼은 그 사이드의 임의의 타순으로 플레이할 수 있다.

d. 오구

해저드 내인 경우를 제외하고 한 플레이어가 오구를 플레이한 때에는 그 플레이어만이 그 홀에서 실격된다. 그러나 그 플레이어의 파트너에 대해서는 비록 그 오구가 그 파트너의 볼일 경우에도 벌은 없다.

만일 그 오구가 다른 플레이어의 것이라면 그 볼의 소유주는 처음에 그 오구가 플레이 되었던 지점에 플레이스 하여야 한다.

e. 사이드의 경기실격

(1) 파트너중의 한 사람이 다음 각항에 위반한 때는 그 사이드는 경기실격이 된다.

제1조 3항—합의의 반칙

제4조 1항, 2항 또는 3항—클럽

제5조 1항 또는 2항—볼

제6조 2항—핸디캡(높은 핸디캡으로 플레이한 때)

제6조 4항—캐디

제6조 7항—부당한 지연(거듭되는 반칙)

제14조 3항—인공의 장치 및 비정상 용구

(2) 파트너의 전원이 다음 각항에 위반한 때는 그 사이드는 경기실격이 된다.

제6조 3항—스타트시간 및 조

제6조 8항—플레이의 중단

f. 기타 벌의 파트너에의 영향

한 플레이어의 규칙위반이 자기 파트너의 플레이를 원조하는 경우 또는 한 상대방의 플레이에 영향을 미쳤을 때는 그 플레이어에 과하여지는 어떤 벌은 그 파트너에게도 병과 된다. 기타 경우에는 플레이어에게 규칙위반의 벌을 과하더라도 그 벌은 그 파트너에게 병과 되지 않는다. 플레이어에 대한 벌이 그 홀의 패로 규정되어 있는 경우는 그 플레이어만을 그 홀에서의 실격으로 하여야 한다.

g. 다른 방식의 매치를 동시에 플레이하는 때

베스트볼 또는 포볼의 매치를 하면서 동시에 다른 방식의 매치를 하는 때에는 상기 특별규칙을 적용하여야 한다.

제31조 포볼 스트로크 플레이(Four-Ball Stroke Play)

포볼 스트로크 플레이에서는 2명의 경기자가 파트너로서 플레이하며 각자의 볼로 플레이한다. 파트너 중의 적은 스코어가 그 홀의 스코어가 된다. 파트너의 1명이 한 홀의 플레이를 끝내지 않아도 벌은 없다.

1. 골프규칙의 적용(Rules of Golf Apply)

다음의 특별규칙에 저촉하지 않는 한 골프규칙은 포볼 스트로크 플레이에도 적용한다.

2. 사이드의 대표자(Representation of Side)

한 사이드는 어느 파트너든 한 파트너가 정규의 라운드 전부 또는 일부를 대표할 수 있으며, 파트너 전원의 출장이 필요한 것은 아니다. 출장하지 않았던 경기자는 홀과 홀 사이에서 자기 파트너와 합류할 수 있지만 한 홀의 플레이 중에는 안 된다.

3. 클럽은 14 개가 한도 (Maximum of Fourteen Clubs)

어느 파트너든 제4조 4항을 위반한 때에는 그 사이드에게 벌이 부가된다.

4. 스코어의 기록(Scoring)

마커는 각 홀마다 그 파트너들의 스코어 중에서 채택이 되는 그로스 스코어만을 기록하면 된다. 채택하는 그로스 스코어는 개인별로 확인될 수 있어야 하며 그렇게 되지 않으면 그 사이드는 경기실격이 된다.

파트너 중의 1명만이 제6조 6항 b에 의한 책임을 지면된다.

5. 플레이의 순서(Order of Play)

같은 사이드의 볼은 그 사이드가 타순을 임의로 플레이할 수 있다.

6. 오 구(Wrong Ball)

해저드 안인 경우를 제외하고 경기자가 오구를 한번 또는 여러 번 스트로크한 때에는 2타의 벌을 부가하고 다시 정구를 플레이하여야 한다. 그 오구가 파트너의 볼이라 하여도 그 파트너에게는 벌이 없다.

만일 그 오구가 다른 플레이어의 것이라면 그 볼의 소유주는 그 오구가 처음 플레이되었던 지점에 플레이스하여야 한다.

7. 경기실격(Disqualification Penalties)의 벌

a. 1 명의 파트너에 의한 반칙

다음 각항에 대하여 어느 파트너가 위반하여도 그 사이드는 경기실격이 된다.

제1조 3항—합의의 반칙

제3조 4항—규칙 이행의 거부

제4조 1항, 2항 또는 3항—클럽

제5조 1항 또는 2항—볼

제6조 2항 b—핸디캡(높은 핸디캡으로 플레이; 핸디캡의 불기입)

제6조 4항—캐디

제6조 6항 b—스코어의 서명 및 제출

제6조 6항 d—홀의 스코어의 오기

즉 파트너가 실제보다 낮게 스코어를 기록했을 경우이다. 만일 그 파트너의 기록된 스코어가 실제보다 높게 기록되었을 경우는 그대로 채택 한다.

제6조 7항—부당한 지연(거듭되는 반칙)

제7조 1항—라운드 전 또는 라운드 간의 연습

제14조 3항—인공의 장치 및 비정상 용구

제31조 4항—개인별로 확인할 수 없는 그로스 스코어의 기록

b. 파트너 전원의 반칙

다음 각항에 대하여 파트너 전원이 위반한 때는 그 사이드는 경기실격이 된다.

(1) 제6조 3항—스타트 시간과 조 혹은 제6조 8항—플레이의 중단

(2) 각 파트너가 동일 홀에서 그 경기에 실격 또는 1 홀의 실격이 되는 규칙을 위반한 때.

c. 그 홀만의 실격

반칙이 경기실격인 경우에도 상기 경우를 제외하고 경기자는 반칙한 그 홀에서만 실격된다.

8. 기타 벌의 파트너에의 영향(Effect of Other Penalties)

1명의 경기자의 규칙위반이 자기 파트너의 플레이를 원조한 때에는 그 파트너에게도 경기자에게 부가한 벌과 동일한 벌이 병과 된다.

기타의 경우는 1명의 경기자의 규칙위반에 대한 벌을 그 파트너에게 적용해서는 안된다.

제32조 보기, 파와 스테이블포드 경기(Bogey, Par and Stableford Competitions)

1. 조건(Conditions)

보기, 파 및 스테이블포드 경기는 스트로크경기방식이며 각 홀에 정해져 있는 스코어를 기준으로 하여 플레이한다.

본 특별규칙에 저촉되지 않는 한 스트로크 플레이의 규칙이 적용된다.

a. 보기와 파 경기

보기와 파 경기의 승패를 계산하는 방법은 매치 플레이와 같다. 경기자가 스코어를 제출하지 않은 홀은 패가 된다. 각 홀을 종합하여 최고의 성적을 낸 경기자가 승자이다. 마커는 경기자의 각 홀의 네트스코어가 정해진 스코어보다 동일하던가, 또는 적은 경우에 한하여 그로스 스코어를 기록할 책임이 있다.

주 1: 클럽은 14 개가 한도—벌은 매치 플레이와 같다. 제4조 4항 참조.

주 2: 부당한 지연: 지연 플레이(규칙6-7)—경기자의 스코어는 총 결과에서 1홀을 감하여 조정한다.

b. 스테이블포드 경기

스테이블포드 경기의 승패를 계산하는 방식은 각 홀에 미리 정해진 스코어에 대하여 다음과 같이 채점한다.

최고의 점수를 얻은 경기자가 승자가 된다. 마커는 경기자의 네트 스코어가 1 점 이상의 득점이 된 각 홀의 그로스 스코어만을 기입할 책임이 있다.

주 1: 클럽은 14 개가 한도(제4조 4항)

주 2: 부당한 지연: 지연 플레이(규칙 6-7) -경기자의 스코어는 그 라운드의 총 스코어에 의한 점수에서 2점을 감점 하여 조정한다.

플레이한 홀에서	점수
정해진 스코어보다 2스트로크 이상 많거나 제출없을 때	0점
정해진 스코어보다 1 스트로크 많은 때	1점
정해진 스코어와 같은 때	2점
정해진 스코어보다 1 스트로크 적은 때	3점
정해진 스코어보다 2 스트로크 적은 때	4점
정해진 스코어보다 3 스트로크 적은 때	5점
정해진 스코어보다 4 스트로크 적은 때	6점

제 벌칙은 아래와 같이 적용한다.

한 라운드의 총득점 수에서 반칙을 한 각 홀마다 2점을 감하되 1라운드에 대하여 최고 4점을 감점 한도로 한다.

2. 경기실격의 벌(Disqualification Penalties)

a. 경기의 실격

경기자가 다음 각항에 위반하면 경기실격이 된다.

제1조 3항—합의의 반칙

제3조 4항—규칙 이행의 거부

제4조 1항, 2항 또는 3항—클럽

제5조 1항 또는 2항—볼

제6조 2항 b—핸디캡(높은 핸디캡으로 플레이 ; 핸디캡의 불기입)

제6조 3항—스타트시간과 조

제6조 4항—캐디

제6조 6항 b—스코어의 서명 및 제출

제6조 6항 d—홀 스코어의 오기

단, 본 규칙의 위반이 그 홀의 결과에 영향을 미치지 않을 때는 벌이 부가되지 않는다.

제6조 7항—부당한 지연(거듭되는 반칙)

제6조 8항—플레이의 중단

제7조 1항—라운드 전 또는 라운드 간의 연습

제14조 3항—인공의 장치 및 비정상 용구

b. 한 홀만의 실격

반칙이 경기실격인 경우에도 상기 경우를 제외하고 그 경기자는 반칙한 그 홀에서만 실격이 된다.

골프 벌타

< **Teeing ground** >

- teeshot이 OB가 되는 지역 또는 분실될 수 있는 지역으로 날아갔을 경우에 동반자에게 잠정구를 알리지 않고 친 경우에 처음 친 볼은 분실 볼이 된다. (1타)
- teeshot이 OB는 아니지만 도저히 치기 어려운 곳에 떨어졌을 경우 워터 해저드를 제외한 어느 곳에서나 언플레이볼을 선언하고 다시 teeshot을 할 수 있다. (1타)
- teeshot을 착각하여 앞의 lady' s tee에서 쳤을 경우 (2타)
- teeshot swing 궤도에 방해물을 개선 한 경우 (2타)
- 사용한 클럽이 무엇인지 묻거나 가르쳐줄 경우 (2타)
- 착각으로 동반자의 클럽으로 teeshot을 한 경우 (2타)
- 헛스윙으로 인해 tee에서 떨어진 볼을 다시 올려놓고 친 경우 (2타)
- 클럽을 15개 이상 갖고 시작한 경우 (2타)
- 확인이 안 된 채 연못으로 들어간 것으로 간주하고 그 앞에서 드롭하고 친 경우 (3타)
- 클럽을 15개 이상 갖고 시작했을 때 사용치 않을 클럽을 사용하지 않겠다고 선언하지 않고 계속 친 경우 (경기 실격임)
- teeing ground의 tee marker를 뽑아 다른 위치로 옮겼을 경우 (경기 실격임)

<**Through the Green** >

- teeshot이 나뭇가지에 걸려 5분 이내에 확인이 안 되는 경우 (1타)
  (원 위치로 와서 다시 한다.)
- 동반자와 자신의 볼이 똑같아 구분이 안 되는 경우 (1타)
  (원 위치로 와서 다시 친다.)
- 나무 가지위에 걸려 자신이 칠 수 없는 볼 (1타.)
  (그 바로 밑에서 친다.)
- 볼이 어드레스 후에 움직여서 디봇으로 들어간 경우 (1타)
  (replace를 해서 친다. 그냥 치면 2벌타가 된다.)

- 러프의 잔디위에 있던 볼이 어드레스때 잔디 속으로 묻힌 경우 (1타)
  (replace를 해서 친다.)
- 연습 스윙때 볼이 움직인 경우 (1타)
  (replace를 해서 친다.)
- 잠정구를 쳤는데 처음 친 볼을 찾은 경우 (1타)
- 볼이 코스내의 작업차에 맞고 OB가 되었다 (1타)
  (원위치로 돌아가 친다.)
- 볼을 찾다가 내 볼을 발로 찬 경우 (1타)
  (상대방 볼인 경우는 제자리에 놓아주면 괜찮다.)
- 볼을 집어서 닦은 경우 (1타)
- OB선 근처의 볼이 어드레스때 OB선 밖으로 나간 경우 (1타)
  (replace해서 친다.)
- 언플레이볼을 선언하는 경우 (1타)
- 스윙에 방해가 되는 나뭇가지를 꺾거나 이동시킨 경우 (1타)
- 내 볼이 아닌 동반자의 볼을 친 경우 (2타)
- 동반자의 볼을 잘못으로 쳤는데 OB가 난 경우 (2타)
- 볼 뒤의 잔디를 개선한 경우 (2타)
- 첫 번 볼을 찾았음에도 잠정구로 플레이한 경우 (2타)
- 볼이 카트에 맞고 fairway로 튕겨 나왔을 경우 (2타)
- 친 볼이 나무에 튕겨 자신이 맞았을 경우 (2타)
  (볼이 정지된 곳에서 친다.)
- 스윙도중 뒤의 나뭇가지가 부러진 경우 (2타)
- 남의 lost볼을 잘못 친 경우 (2타)
- 볼이 거의 같은 거리에 있는 동반자에게 충고가 될 말을 했을 때 (2타)
- 5분이 지나 찾은 볼로 플레이를 한 경우 (2타)
- 처음 친 볼이 안 보여서 2벌타를 받고 드롭 한 경우 (3타)
  (분실구 1타 에다가 원위치에서 안친 벌타가 2타이다.)

< **BUNKER** >

- 침수된 벙커로 볼이 빠진 경우 (1타)
  (홀과 볼을 연결한 벙커 밖 후방 선 상에 드롭 또는 언플레이볼을 선언한다.)
- 벙커 안에서 발을 고정 시키다가 볼이 움직인 경우 (1타)
  (원 위치에 replace하고 친다.)
- 볼이 벙커와 러프 잔디사이에 박혀 칠 수 없는 경우 (1타)
  (언플레이볼을 선언한다.)
- 볼을 집어 올린 경우 (1타)
- 볼 주위의 물건을 치운 경우 (2타)
- 백 스윙 때 클럽이 모래에 닿은 경우 (2타)
- 벙커 안에서 연습 스윙할 때 클럽이 모래에 닿은 경우 (2타)

< **Water Hazard** >

- 친 볼이 연못 턱을 맞고 물에 빠진 경우 (1타)
- 연못 가운데에 연결된 다리에 볼이 떨어진 경우 (1타)
- 연못에 들어갔는지 알고 다른 볼을 쳤는데 원래 볼을 찾은 경우 (1타)
- 연못지면의 볼을 집어들은 경우 (1타)
- 물이 없는 연못에서 OB를 낸 후 해저드 조치를 취한 경우 (2타)

< **GREEN** >

- 그린에서 마크를 하지 않고 볼을 집어 올렸다 (1타)
- 기부 일 때 홀인을 하지 않고 볼을 집은 경우 (1타)
- 손이나 클럽 외의 것으로 그린 위의 loose impediment를 치운 경우 (2타)
- 캐디가 깃대나 발로 가리키는 곳으로 그대로 퍼팅을 했을 경우 (2타)
- 그린위의 동반자의 볼을 맞춘 경우 (2타)
- 볼이 움직이고 있는데 깃발을 뽑은 경우 (2타)
- 그린 위에 놓여 있는 깃발에 볼이 맞은 경우 (2타)
- 퍼팅 선상에 있는 라이를 개선했을 경우 (2타)
- 옮겨 놓은 볼 마커를 원 위치로 되돌리지 않고 친 경우 (2타)
- 볼이 바뀌어져 있는 경우 (2타)
- 동반 경기자의 퍼터를 빌려 사용한 경우(2타)

골프스윙 4

① 드라이버 스윙

드라이버 샷의 연결동작

드라이버 샷에서는 크게 준비단계, 백스윙단계, 포워드스윙단계로 나눌 수 있다.

준비단계에서는 자신에게 편한 그립을 잡고(grip) 목표를 향해(aim) 샷을 하기에 좋은 어드레스 자세를 취해야 한다(set-up).

백스윙단계에서는 체중을 오른쪽으로 이동을 하면서(dynamic balance) 자신에게 맞는 스윙면(swing plane)을 그리면서 손목을 엄지손가락 방향으로 꺾어서(cocking) 두 손이 우측 어깨위에 오도록 백스윙을 한다. 이때 왼손목이 젖혀지지 않도록 주의하고(Wrist position) 머리가 상하좌우 방향으로 움직이지 않도록 하고(swing center) 클럽이 지면과 수평으로 이루도록 해야 한다(arc length).

포워드스윙단계는 강력하고 정확한 임팩트(impact)를 위하여 백스윙과정에서 축적한 에너지를 최대한 클럽을 통해 볼에 전달해야 한다. 그렇게 하기 위해서는 근육에 불필요한 긴장을 풀고 좋은 릴리즈(release)를 해야 하고 클럽에서 먼 신체부위인 하체동작에서 시작하여 엉덩이, 몸통, 어깨, 팔, 손목 동작순서(timing)로 하고 임팩트 시에는 양 팔꿈치가 펴서 클럽이 그리는 호의 넓이(arc width)가 최대가 되도록 신체의 각 부분의 연결동작(connection)이 잘 이루어져야 한다.

1) 어드레스 및 그립

어드레스를 했을 때 스탠스의 넓이는 자신의 어깨 넓이와 같게 한다. 양 무릎은 약간 안쪽에 위치하고 체중은 오른발과 왼발에 6 : 4로 두어 밸런스를 유지한다.

① 좋은 그립의 선택과 잡는 방법

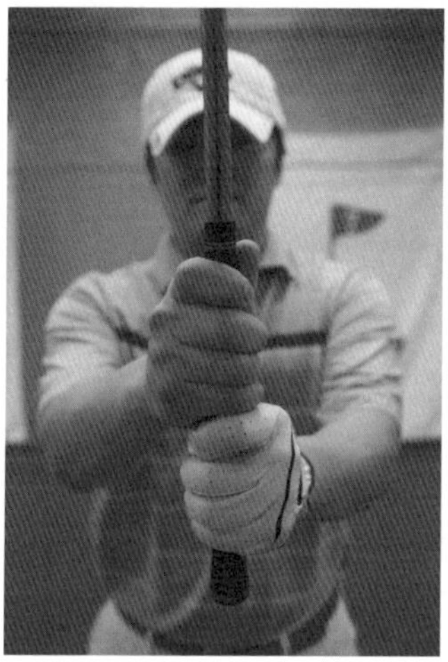
베이스볼 그립

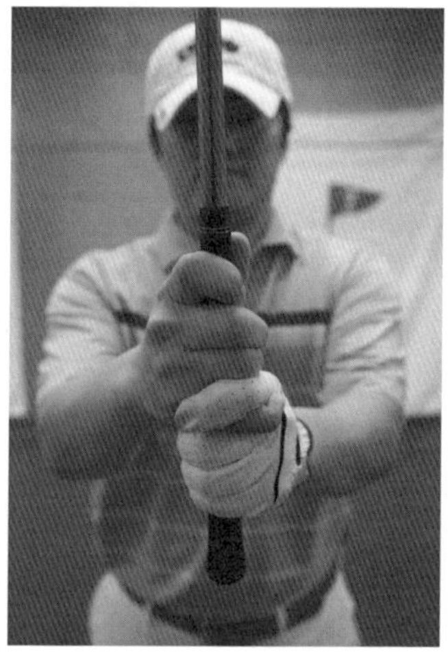
인터락킹 그립

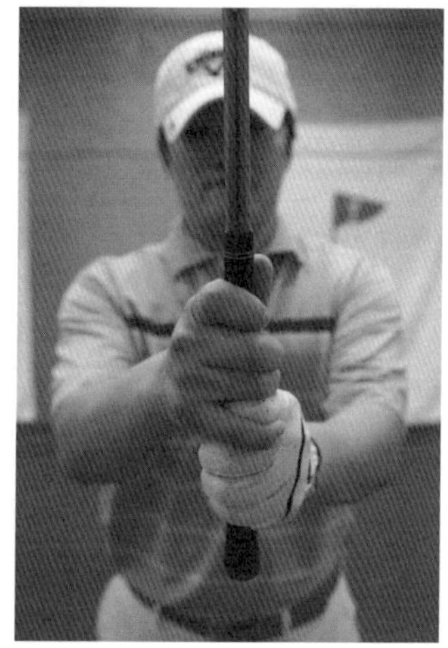
오버래핑 그립

베이스볼 그립

베이스볼 그립은 때로 텐 핑거 그립이라고도 한다. 백스윙의 길이가 짧고 근력이 약한 초보자와 어린이나 여성들에게 가장 자연스럽고 편한 그립이다. 그립의 많은 부분을 손으로 덮을 수 있어 큰 힘을 발휘할 수 있으나 오른손을 많이 쓰게 되는 경향이 생기므로 비교적 스윙이 안정된 사람이나 훈련된 선수에게는 적당하지 않다.

인터락킹 그립

인터락킹 그립은 손가락이 짧고 근력이 강하지 않은 사람들이 많이 사용하는 그립으로, 안정감이 있고 손에 일치감을 주는 장점이 있으나 손가락을 지나치게 깊게 끼울 경우 손목의 동작을 제한할 수 있다.

오버랩핑 그립

오버랩핑 그립은 손이 크고 손가락 근력이 좋은 사람에게 좋은 그립으로 선수들이 가장 많이 사용한다.

그립을 잡을 때의 압력은 포워드스윙을 하는 동안 놓치지 않을 정도로 가볍게 잡는 것이 좋다. 지나친 압력은 부드러운 동작을 방해하므로 왼손의 4번과 5번 손가락과 오른손의 3번과 4번 손가락에 살짝 힘을 주는 정도로 잡는 것이 왼손목이 꺾이지 않고 안정된 그립을 잡는데 좋다.

그립의 강도는 정상적인 그립(neutral grip: 중립그립)을 잡은 두 손을 시계방향으로 돌리면 강한 그립(strong grip)이 되고, 시계 반대 방향으로 돌리면 약한 그립(weak grip)이 된다. 강한 그립은 임팩트 시 클럽페이스가 빨리 닫히게 되므로 슬라이스나 푸시 구질의 골퍼에게 유리하고, 반대로 약한 그립은 훅이나 풀 구질이 많은 골퍼에게 좋은 그립이다.

그립 상단의 2 cm

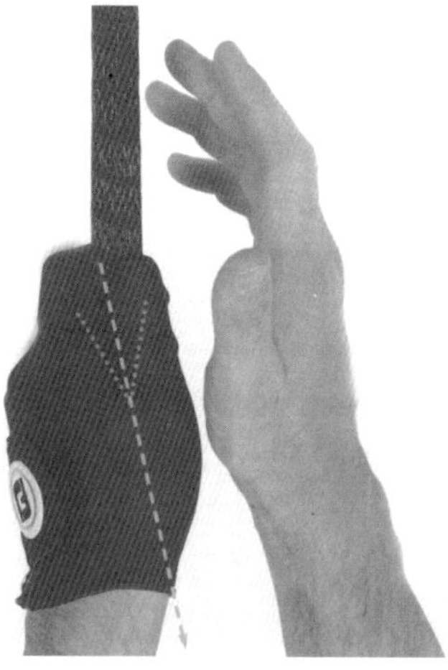
왼손의 V 홈 방향

오른손의 V 홈 방향

그립상단 2 cm가 보이도록 한다. 왼손의 V 홈이 턱을 향하도록 한다. 왼손의 엄지손가락은 그립의 오른쪽에 둔다. 오른손바닥을 폈을 때 타겟을 향하게 한다.

오른 엄지손가락은 그립의 왼쪽에 위치 오른 검지는 방아쇠를 당기는 모양 오른손 V 홈이 오른 어깨를 향하게 한다.

② 목표겨냥 방법(aim: 에임)

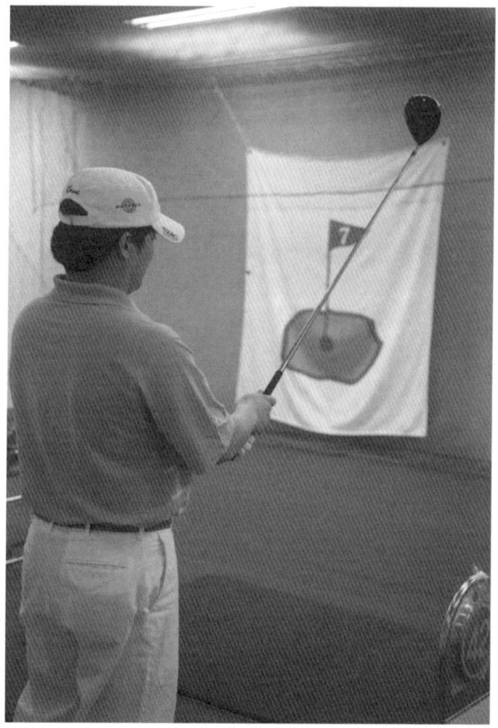

정확한 목표겨냥

- 볼과 앞의 타겟을 연결하는 전방의 한 지형지물을 정하고 가상의 선을 설정한다.
- 그립을 잡고 나서 볼 뒤에 클럽헤드를 놓는다.
- 클럽 면과 타겟을 확인한다.
- 클럽 면을 중심을 두 발을 잇는 선과 양쪽 어깨선과 목표선이 나란하도록 스탠스를 취한다. 한손으로 클럽을 볼 뒤에 놓은 후 그립을 잡으면 클럽 면이 목표방향과 틀려지기 쉬우므로 주의하여야 한다.

③ 스탠스

스퀘어 스탠스

- 양발의 끝선과 어깨와 엉덩이선이 목표선과 평행이 되도록 한다.
- 정상적인 스탠스로서 이 스탠스를 취하고 원하는 방향의 샷을 할 수 있도록 연습하여야 한다.

④ 볼의 위치와 높이

볼의 좌우위치

- 왼발 뒤꿈치 선상에 볼을 놓는다. 볼이 왼쪽으로 너무 빠져있는 경우에는 풀이나 훅 구질이 나기 쉽다. 스탠스 중앙에 놓인 경우에는 푸시나 슬라이스 구질이 발생하기 쉽다.
- 볼이 왼쪽으로 많이 가 있으면 스윙궤도가 아웃사이드-인이 되고 클럽헤드가 닫히면서 임팩트가 일어날 확률이 높아져서 볼이 목표보다 왼쪽방향으로 가는 풀이나 날아가면서 왼쪽으로 휘는 훅 구질이 생기기 쉽다. 그러나 볼이 왼쪽에 있다는 생각에 몸을 왼쪽으로 이동하면서(스웨이) 볼을 치면 악성슬라이스가 발생하는 경우도 있으므로 주의해야 한다.

볼 높이 결정: 50% 룰

- 볼이 항상 올바른 높이로 티에 놓여지기 위해서는 어떤 클럽을 사용하던 간에 클럽헤드 위로 볼의 50% 정도가 보이게 놓는다. 볼의 높이에 따라 스윙 스타일이 달라지고 구질이 바뀔 수 있다.
- 스윙동안에 클럽 샤프트는 휘어져 길이가 짧아지게 되므로 볼이 클럽보다 위에 있어야 한다. 볼을 너무 낮게 하면 임팩트를 향한 스윙의 궤도가 가파르게 되어 볼의 초기 탄도가 낮아지고, 반대로 너무 높으면 볼을 업스윙하면서 때릴 확률이 높아져 초기 볼의 탄도가 높아진다.

⑤ 체중의 분포

준비단계에서 셋업을 할 때 오른발과 왼발의 체중분포는 체중이동에 영향을 미치게 된다. 효율적인 골프스윙은 백스윙 때에는 무게가 오른발 쪽으로 옮겨졌다가 포워드스윙 때에 왼발 쪽으로 옮겨져야 힘을 전달할 수 있고 균형감을 유지할 수 있다(정확한 체중의 이동은 비거리에 20~30% 영향을 미친다)

체중의 분포 오른발: 왼발 = 6 : 4

- 드라이버를 가지고 똑바로 선 다음 양발에 체중을 똑같이 둔다.
- 등의 각도를 약간 오른쪽으로 기울이면 체중이 이동하는 것을 느낄 것이다. 체중의 분포는 오른쪽과 왼쪽의 비율을 6 : 4로 둔다.
- 등을 약간 기울이면 머리와 상체가 볼보다 오른쪽에 있도록 한다.
- 드라이버를 칠 때에는 스윙 시 클럽헤드로 잔디 위를 쓸듯이 쳐야만 가장 효과적이다. 이때는 어드레스 시 체중을 약간 오른쪽으로 더 실어야 위와 같은 타격 각이 나오게 되는 것이다.
- 머리가 볼보다 오른쪽에 있어야 클럽의 회전속도가 높아지고 헤드 스피드가 증가하여 비거리를 늘일 수 있게 된다.

2) 테이크어웨이

- 어깨 회전과 동시에 약간의 손목 코킹이 시작된다.
- 체중이 이동이 왼쪽에서 오른쪽으로 약간 이동한다.
- 오른쪽 어깨, 힙은 타깃 라인을 약간 벗어난다.
- 오른쪽 무릎은 계속 어드레스 때의 각을 유지한다.

테이크어웨이

- 팔을 타겟 라인과 평행하게 뒤로 뺀다. 몸의 방향이 타겟 라인으로부터 오른쪽으로 약간 돈다. 손목의 코킹이 들어가게 된다.
- 왼쪽어깨가 턱 밑으로 가면서 회전을 리드해야 한다.

3) 백스윙

- 손목은 약 90도 정도 코킹되어 있다.
- 체중은 오른쪽에 많이 실려 있다. 특히 오른발 뒤꿈치 쪽에 모인다.
- 오른쪽 무릎은 계속 어드레스 때의 각을 유지한다.

백스윙1

• 손목 코킹이 약 90도로 된다. 체중은 오른발 뒤꿈치에 많이 실려 있다.

• 엉덩이가 약 45도 정도 오른쪽으로 회전하게 되며 백스윙 탑까지 지금의 위치를 유지해야 하며 오른 무릎의 굽힘을 유지한다.

  그 이유는 강한 임팩트를 위한 것이며 체중이동의 완성단계이다.

• 오른쪽 무릎이 우측으로 밀리거나 펴지면 스윙의 축이 이동되어 정확한 샷이 불가능해 진다.

  잘못된 체중 이동이 발생하면 백스윙 탑에서 몸무게가 왼발 쪽에 남아있게 된다. 잘못된 체중 이동으로 인해 임팩트 시 볼을 정확히 맞추기가 매우 어렵다(역체중 이동 스윙중심이 앞뒤로 움직이게 하여 정확한 샷이 불가능해 진다)

4) 지렛대원리의 이용

① 정상적인 2지렛대 백스윙

정상적인 코킹

• 왼팔을 쭉 펴진 상태에서 코킹(cocking)을 하면 2개의 지렛대를 이용하는것과 같은 효과를 발휘한다.

② 3지렛대 백스윙

3지렛대 백스윙

• 손목 코킹을 하고서 왼쪽 팔꿈치를 굽히면 지렛대의 수가 3개가 된다. 지렛대의 수가 많아질수록 클럽 헤드의 스피드가 증가하여 결과적으로는 거리를 증가시킬 수 있다. 그러나 그렇게 되면 타이밍을 맞추기가 어렵게 된다. 그래서 많은 선수들이 손목의 코킹만을 주로 한다. 일반적으로 손이 오른쪽 다리나 엉덩이 혹은 엉덩이의 위치에 왔을 때 코킹을 시작하여 백 스윙 탑에서 코킹을 완료하는 원 피스 테이크 어웨이와 백스윙하기 전에 약간의 코킹을 하는 방법을 혼합한 방법을 많이 사용하고 있다.

5) 백스윙 탑(top of back-swing)

정상적인 코킹

- 머리는 오른쪽 힙보다 안쪽에 위치한다.
- 왼쪽 어깨가 어드레스 시의 오른쪽 어깨 위치에 와 있다.
- 어깨 라인은 어드레스 포지션에서 약 90도 정도 돌아간다.
- 오른쪽 무릎은 오른발보다 안쪽에 있다.
- 양쪽 무릎은 굽은 상태를 유지한다.

백스윙 탑

• 샤프트는 지면과 수평을 이루고 머리의 위치는 오른쪽 엉덩이 안쪽에 있어야 하며, 왼쪽 어깨는 어드레스 때 오른쪽 어깨 위치에 오고 오른 팔꿈치는 땅을 향해야 한다.
• 오른쪽 무릎이 약간 오른발 안쪽에 있다. 엉덩이는 45도정도, 어깨는 90도 이상 회전 한다.

6) 다운 스윙

정상적인 코킹

- 오른쪽 힙이 타깃 쪽으로 이동한다.
- 오른쪽 힙의 움직임으로 인해 오른쪽 어깨가 왼쪽보다 아래로 가게 된다.
- 오른쪽 무릎은 타깃 쪽으로 움직인다.
- 팔이 다운스윙 될 때, 왼팔 전완과 클럽 샤프트의 각을 일정하게 유지한다.
- 왼쪽 다리가 왼쪽으로 회전한다.

다운스윙 1

다운스윙 2

임팩트

① 다운스윙 1

1. 오른쪽 힙이 타깃 쪽으로 이동한다.
2. 오른쪽 힙의 움직임으로 인해 오른쪽 어깨가 왼쪽보다 아래로 가게 된다. 오른쪽 팔꿈치가 왼팔 밑에 있어야 한다.

② 다운스윙 2

1. 오른쪽 무릎은 타깃 쪽으로 움직인다.
2. 팔이 다운스윙 될 때, 왼팔 전완과 클럽 샤프트의 각을 일정하게 유지한다.

③ 다운스윙 3

1. 머리의 위치는 공보다 오른쪽에 있어야 한다.
2. 몸의 중심이 일어나지 않도록 주의하여야 한다.

7) 임팩트

- 체중 이동으로 인해 몸의 오른쪽 부분이 타깃 쪽으로 약간 기울게 되고, 힙이 타깃 쪽으로 움직임으로써 왼쪽 어깨가 약간 들리게 된다.
- 모든 체중은 왼쪽에 실린다.
- 손목의 코킹이 이때 풀리면서 클럽의 속도는 최고가 된다.
- 힙이 타깃 쪽으로 약 45도 정도 열린다.
- 오른발 뒤꿈치는 들려서 타깃 쪽으로 돌아가게 된다.

8) 팔로스루

- 왼쪽 어깨가 올라가면서 오른쪽 어깨와 팔이 아래에서 타깃을 향해 잘 회전할 수 있도록 공간을 만들어 준다.
- 샷 후, 시선은 공을 따라간다.
- 오른다리는 무릎을 완전히 편다.
- 다운스윙에서 팔로스루까지 몸의 움직임이 많지만 머리는 거의 움직이지 않는다.

9) 피니쉬

- 오른쪽 어깨는 확연히 왼쪽 어깨보다 앞에 있다.
- 힙은 어깨보다 앞에 있다.
- 오른쪽 무릎은 왼쪽 무릎과 나란히 옆에 위치한다.
- 모든 회전이 끝난 후 복부가 타깃을 향한다.

② 아이언 스윙

1) 어드레스(address)

- 스탠스의 폭은 어깨 넓이와 양발 뒤꿈치 사이의 거리를 같게 한다.
- 오른손이 왼손보다 낮게 그립을 잡으므로 오른쪽 어깨는 대략 왼쪽보다 5인치 정도 아래로 내려간다.
- 오른쪽 무릎은 오른쪽 발목보다 약간 안쪽에 위치한다.
- 체중은 왼발과 오른발에 50: 50으로 밸런스를 유지한다.

2) 테이크 어웨이(take-away)

- 손목 코킹이 시작되면서 체중이 왼쪽에서 오른쪽으로 약간 이동한다.
- 오른쪽 어깨, 힙은 타깃 라인을 약간 벗어나며 오른쪽 무릎은 계속 어드레스 때의 위치와 각을 유지한다.

① 테이크 어웨이가 몸에서 멀어지면:

1. 업라이트(upright)한 스윙면이 될 수 있다.
2. 백스윙궤도가 밖으로 갔다가 포워드스윙은 안으로 들어오는 아웃사이드인의 스윙궤도가 되어 볼이 목표보다 왼쪽으로 출발하는 풀 구질의 원인이 될 수 있다.
3. 볼의 정확성은 좋아질 수 있으나 탄도가 높아져 거리손실이 있다.

② 테이크 어웨이가 몸에 가까워지면:

1. 플랫(flat)한 스윙면이 될 수 있다.

2. 백스윙궤도가 안으로 왔다가 포워드스윙은 밖으로 나가는 인사이드 아웃의 스윙궤도가 되어 볼이 목표보다 오른쪽으로 출발하는 푸시 구질의 원인이 될 수 있다.
3. 볼의 정확성은 좋아질 수 있으나 탄도가 낮아지고 헤드스피드가 증가하여 거리가 향상될 수 있으나 볼의 정확성은 떨어질 수 있다.

③ 정상적인 테이크 어웨이를 위해서는:

1. 클럽 샤프트가 지면과 수평이 되었을 때 목표선과평행을 유지하도록 한다.
2. 연습을 할 때 머리를 돌려 클럽헤드가 약간 닫힌 상태를 유지하고 있는지 가끔 확인한다.
3. 정상적인 스윙면을 유지하기 위하여 백스윙 탑의 위치로 그립을 가져간다.

기준

업라이트(upright)

플랫(flat)

3) 백스윙

왼팔이 9시 방향을 가리키는 백스윙단계에서는 체중이동, 손목의 코킹, 스윙중심의 고정이 중요한 요소가 된다.

- 체중은 오른발의 안쪽으로 많이 이동하게 되며 손목과 클럽의 샤프트는 약90도 정도로 코킹 되어 있다. 오른쪽 무릎을 계속 어드레스 때의 위치와 각을 유지하여 스윙중심이 움직이지 않도록 한다.

4) 백스윙 탑

백스윙 탑에서의 주요한 체크 포인트는 신체부위의 상대적인 위치와 힙과 어깨의 회전 정도, 손목의 꺾임정도, 스윙의 크기 등이 있다.

- 머리는 오른쪽 힙보다 안쪽에 위치하여야 하며 왼쪽 어깨가 어드레스 시의 오른쪽 어깨 위치에 와 있어야 한다. 어깨 라인은 어드레스 포지션에서 약 90도, 힙은 45도 정도 돌아간다.
- 오른쪽 무릎은 오른발보다 안쪽에 있으며 양쪽 무릎은 굽은 상태를 유지한다.

5) 다운스윙

- 왼쪽 힙이 왼쪽 뒤로 회전하여야 하며 오른쪽 힙의 회전으로 오른쪽 어깨가 왼쪽보다 아래로 가게 된다.
- 오른쪽 무릎은 타깃 쪽으로 움직이며 팔이 다운스윙 될 때, 왼팔 전완과 클럽 샤프트의 코킹 각을 유지한다.

6) 임팩트

정확하고 강력한 임팩트는 골프 샷의 궁극적인 목표이다. 이를 위해서는 백스윙과정에서 몸을 꼬아서(coil) 만든 에너지를 임팩트 때에는 몸을 완전히 풀어서(uncoil) 볼에 전달해야 한다. 정확한 샷을 하기 위해서는 불필요한 몸의 긴장을 풀어줌으로써 좋은 릴리즈가 되게 하고 임팩트 순간에 왼쪽 어깨에서 클럽헤드까지의 길이(스윙반지름)가 최대가 되도록 하여야 헤드의 스피드를 향상시킬 수 있게 된다.

- 힙의 회전과 체중 이동으로 인해 몸의 오른쪽 부분이 약간 기울게 되고 왼쪽 어깨가 약간 들리게 되며 대부분의 체중은 왼쪽 발에 실린다. 손목의 코킹이 이때 풀리면서 클럽의 속도는 최고가 된다.
- 힙이 타깃 쪽으로 45도 정도 열려야 하며 오른발 뒤꿈치는 들려서 타깃 쪽으로 돌아가게 된다.

7) 팔로스루

- 왼쪽 어깨가 올라가면서 오른쪽 어깨와 팔이 타깃을 향해 잘 회전할 수 있도록 공간을 만들어 준다. 샷 후, 시선은 공을 따라간다.
- 오른손이 타깃과 악수하는 위치에 오게 한다.
- 다운스윙에서 팔로스루까지 몸의 움직임이 많지만 머리는 거의 움직이지 않는다.

8) 피니쉬

- 오른쪽 어깨는 왼쪽 어깨보다 앞에 있어야 하며 오른쪽 무릎은 왼쪽 무릎과 나란히 옆에 위치한다.
- 모든 회전이 끝난 후 복부가 타겟을 향한다.

③ 숏게임

1) 숏 게임의 원칙 및 전략

숏 게임이란 그린 주변에서 홀에 가깝게 접근시키는 방법으로 크게 치핑과 피칭의 두 가지 방법이 있다. 일반적으로 그린에서 먼 거리의 샷은 피칭이고, 그린 주변에서 가까운 거리는 치핑으로 인식되어 있다. 하지만 엄격하게 구분을 하면 볼이 공중에 떠가는 거리가 그린에서 굴러가는 거리보다 길도록 띄우는 샷을 피칭이라 하고, 반대로 공중에 떠가는 거리가 그린에서 굴러가는 거리보다 짧게 굴리는 샷을 치핑이라 한다. 숏 게임의 원칙은 퍼팅-치핑-피칭으로서 퍼팅이 가능하면 퍼팅을 퍼팅이 불가능하면 치핑을, 치핑이 불가능하면 피칭을 하는 것이 좋다.

치핑 샷에서 가장 중요한 점은 볼을 홀 컵으로 굴리면서 가깝게 접근시키는 것이다. 따라서 샷을 하기 전에 볼과 홀 컵까지의 거리, 그린의 경사와 브레이크를 정확하게 파악하는 것이 치핑 샷을 잘 하는 것 이상으로 중요하다는 것을 명심해야 한다.

- 숏 게임의 주요 전략으로는 어프로치 샷이 모두 가능한 상황이 올 수도 있는데, 이를 경우 어떤 샷을 선택하는 것이 좋을까? 볼이 날아가는 거리는 짧고 구르는 거리가 길수록 홀에 접근시키거나 홀인 시키기에 유리하다. 그 이유는 볼의 이동거리가 짧을수록 샷을 할 때 백스윙의 크기가 짧아지고 스윙의 속도가 느려지기 때문에 미스 샷의 가능성이 줄어들기 때문이다.

1. 그린 밖에서라도 가능하면 퍼팅을 하는 것이 유리하다.
2. 퍼팅이 불가능하면 치핑을 하라.
3. 퍼팅과 치핑이 둘 다 불가능하면 피칭을 하라.

2) 퍼팅과 같은 치핑

퍼팅과 같은 치핑

- 볼에 백스핀이 조금만 걸리기 때문에 그린에 착지하지 마자 퍼팅과 똑같이 구르게 된다.
- 퍼팅그립을 사용하면 손목의 움직임을 최소화 하므로 스트로크를 간소화 시키고 정확한 타격, 거리감을 향상시킨다.

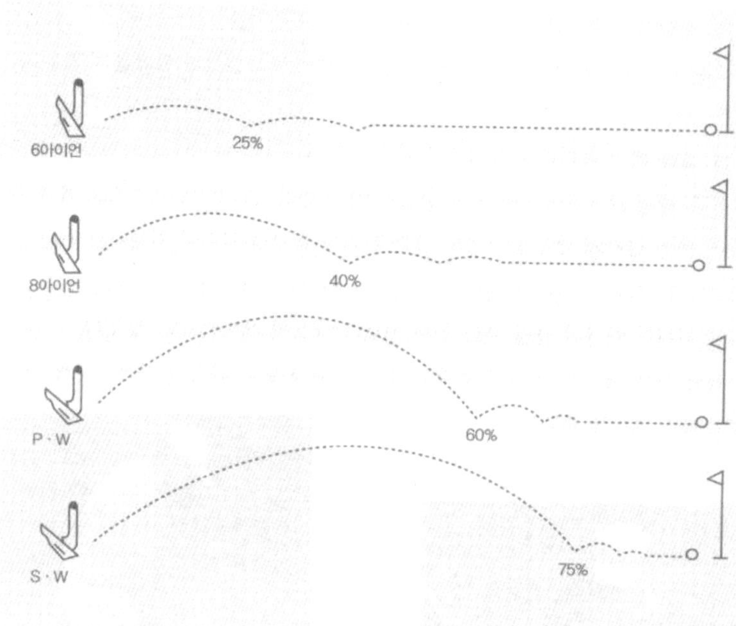

클럽을 선택하는 단순한 방법 가운데 하나는 짝수 클럽만 이용하여 볼을 공중에 띄우거나 볼이 굴러가는 정도에 따라 상황에 맞게 선택하는 것이다. 공중으로 띄우는 것과 굴리는 정도의 차이는 골퍼의 스타일에 따라 달라진다.

보통의 경우 9번 아이언으로 치핑을 하면 공중으로 날아가는 거리와 그린에서 구르는 거리의 비율이 비슷하다. 8번 아이언은 4: 6, 피칭웨지는 6: 4이고 샌드웨지는 7.5: 2.5 정도가 된다. 그러나 그 비율은 개인에 따라 달라질 수 있으므로 연습을 하면서 자신이 치핑 샷을 할 때 가장 잘 사용할 수 있는 클럽을 선택하여 집중적으로 연습하는 것이 좋다.

그 이유는 각 클럽의 각도에 따라 날아가는 거리와 그린에서 구르는 비율이 다르므로 주의한다. 그러므로 여러 클럽을 사용하여 충분한 연습이 필요하다.

3) 치핑(chipping)

① 치핑 연속동작

어드레스

백스윙

팔로스로

- 좋은 치핑 샷 기술을 익혀는 것은 그린 주변에서의 공략을 쉽게 한다.
- 오르막이나 내리막에서의 치핑 샷 이든, 샷을 길거나 짧게 해야 하든, 볼의 라이가 완벽하거나 약간 나쁘든, 좋은 치핑 샷을 구사하려면 정확한 기본기를 익혀둘 필요가 있다. 그린 주변에서 구사하는 샷은 다른 샷에 비해 까다롭지만 모두가 단순하게 접근해야 한다는 점에선 똑같다.

② 치핑 어드레스

치핑 어드레스

- 체중이동을 최소화하기 위해서 양발의 간격은 좁게 하여 서는 것이 좋으며 발, 힙, 어깨를 목표선에 따라 약간 오픈 시킨다.
- 볼의 위치는 오른발쪽에 오도록 하여야 하며 정확한 컨트롤을 위해 그립을 아래로 약간 내려잡는것이 좋다.

그립

그립을 느슨하게 내려 잡는다.

- 클럽의 그립 아랫부분까지 느슨하게 내려 잡는것이 좋으며 그 이유는 그립이 헤드에 가까워져서 볼 컨트롤을 쉽게 할 수 있다.

에임

오픈 스탠스를 취한다.

• 타겟 라인이 잘 보이도록 오픈 스탠스를 취한다. 이렇게 하면 백스윙이 쉬워지고 스윙의 길이를 조절하기 쉬워진다.
그 이유는 다리와 힙의 저항을 증가시켜 백스윙을 작게 만들어 클럽이 탑스윙에서 지면과 평행하지 않게 만든다.

셋업

치핑 샷 셋업(정면)

- 오픈 스탠스를 취하되 체중이동을 최소화하기 위해 두 발의 간격을 좁게 한다. 볼은 오른발 앞에 두도록 한다.
- 체중을 왼발에 두어 왼손을 이용한 샷이 용이하도록 하며 두 손은 왼쪽다리 앞에 위치하게 한다.
- 그 이유는 두발의 간격이 넓으면 볼을 정확하게 히팅하기가 힘들어지며 볼을 왼쪽에 두면 볼의 위를 치거나 잔디를 먼저 치게 될 확률이 높고 볼이 뜨게 된다.
  또 한 체중이 오른발로 있으면 퍼 올리는 듯 한 샷이 되어 탄도가 높아진다.

③ 백스윙

치핑 백스윙

• 낮은 백스윙(처음 30 cm까지)을 하여서 손목을 부드럽게 꺾어 올린다.
• 백스윙은 8시 방향에서 멈춰야 한다. 백스윙의 크기는 거리에 따라 다르게 하는것이 중요하다. 홀컵까지의 길이가 길면 백스윙을 길게 하고 홀컵까지의 길이가 짧으면 백스윙을 짧게 하므로 거리 조절을 할 수 있다.

체중이동

백스윙시 체중이동이 없다.

• 체중이동이 필요 없으므로 하체의 움직임을 최소화 하는 것이 샷을 조절하는데 유리하다. 그 이유는 먼 거리를 보내는 샷이 아니고 정확한 히팅이 중요하기 때문이다.

손목의 이동

손목의 동작 제한

• 짧은 거리의 퍼팅이나 치핑 샷을 할 때는 손목을 움직이지 않는 것이 안정성을 유지하는데 유리하다. 그러나 긴 거리의 치핑을 할 경우나 개인의 버릇에 따라 손목을 약간 쓰는 것이 편리할 경우도 있다.
그 이유는 손목을 고정시켜서 샷을 하면 백스윙시 클럽페이스가 닫힐 수 있기 때문이다.

④ 임팩트

치핑 임팩트

- 다운스윙을 시작할 때 그립을 잡은 손과 손목의 힘을 빼야 한다.
- 클럽이 가속도를 잃지 않도록 하여야 한다 (짧은 샷들은 속도가 증가하지 않으면 뒤땅의 원인이 된다).

⑤ 팔로스루

치핑 팔로스루

- 볼을 띄어 올리려는 동작을 피하도록 하며 피니시 때까지 클럽헤드가 두 손보다 타깃에 가까워지면 안된다.
- 볼을 때린다고 생각하지 말고 그대로 밀고 나간다는 부드러운 느낌으로 스윙한다.
- 클럽 페이스는 타깃라인을 따라 내려가도록 하고 피니시까지 그대로 유지한다.
- 퍼팅 스타일의 치핑이 짧은 거리에서는 유리하다.

4 퍼팅

1) 퍼팅의 중요성

대부분의 아마추어 골퍼들이 가장 어려워하는 부분은 아마 드라이버샷일 것이다. 드라이버는 길이가 가장 길고 볼이 날아가는 거리가 길기 때문에 볼을 정확히 맞추거나 원하는 방향으로 공을 보내는 것은 상당히 어렵다. 따라서 초보시절 슬라이스가 심하게 나는 드라이버샷이 가장 어렵다고 생각하는 것은 당연하다.

그러나 만일 똑같은 질문을 싱글이상 로우핸디캡 골퍼들이나 프로선수들에게 물으면 어떠한 답을 듣게 될까? 조사한 바에 따르면 46%의 싱글 골퍼가 퍼터가 가장 어려운 클럽으로 꼽았다. 시합에서 18홀 경기를 하는 동안 드라이버는 14번 정도 사용하게 되지만 퍼터는 평균 36번 이상을 사용하게 되어 전체 타수의 42%를 퍼팅이 차지하게 된다.

그러나 최근에 만들어진 골프장의 그린은 훨씬 크고 경사도 매우 복잡하여 퍼팅이 차지하는 비율은 43%이상으로 높아지고 있는 추세이다. 더욱이 그린스피드는 전보다 훨씬 빨라지는 추세여서 그린주변에서의 기술이 경기에 미치는 영향이 점점 늘어가는 것이 현실이다.

드라이버는 쇼이고 퍼팅은 돈이 다라는 말이 있듯이 프로 선수들에게는 그린의 특성을 잘 이해하고 퍼팅기술을 향상 시키는 것이 무엇보다 중요한 기술이다.

2) 잘못된 퍼팅의 원인과 좋은 퍼팅감의 유지

매 홀 그린에서 퍼팅을 끝내고 나면 조금만 오른쪽을 더 볼 걸, 조금만 왼쪽 경사를 더 볼 걸, 조금만 더 세게 칠 걸, 등등의 아쉬움이 남는 경우가 많다.

잘못된 퍼팅의 원인은 크게 세가지로 나눌 수 있다.

첫째는 퍼팅 스트로크에 잘못이 있을 경우이다. 자신이 원하는 스트로크를 하지 못했을 때나 자신이 원하는 스트로크를 했지만 그린을 잘못 읽고 판단을 잘못했을 경우에는 원하는 결과를 기대할 수 없게 된다.

두 번째 원인은 자신이 사용하고 있는 퍼터가 자신의 스트로크 특성과 맞지 않기 때문에 퍼팅이 잘못될 수 있다는 것이다. 퍼팅은 사람이 하는 것이기 때문에 동작의 차이가 있을 수 있으므로 자신에게 맞는 퍼터의 선택은 좋은 스트로크를 하는 기술만큼이나 중요하다. 우리는 많은 프로선수들이 경기하는 그린의 특성이나 자신의 스트로크의 경향을 고려하여 사용하는 퍼터를 바꾸는 것을 볼 수 있다. 홀인 되지 않은 퍼팅에 대한 자신의 잘못을 탓하며 후회를 하게 되는 데 자신의 사용하는 퍼터에 문제점이 있다고 생각하는 골퍼는 거의 없는 것이 현실이다.

매 라운드에서 3~4번의 쓰리 퍼팅의 문제점을 분석하던 중에 스트로크가 안정된 싱글 핸디골퍼나 프로골프선수의 경우 잘못된 퍼팅이 퍼팅 스트로크의 문제가 아닌 퍼터 자체에 문제가 있다는 것과 골프공에도 문제점이 있다는 것을 확인 할 수 있었다.

세 번째는 골프 볼의 특성에 따라 퍼팅의 결과가 달라질 수 있다는 것이다. 비교적 작은 부분이긴 하지만 볼이 가지고 있는 홈(딤풀)과 퍼터가 서로 충돌이 일어날 때의 상황에 따라 볼이 가는 방향은 달라질 수 있다. 따라서 골프 볼을 이해하게 되면 퍼팅 타수를 줄이는데 도움이 될 것이다.

우승한 선수들에게 소감을 물으면 '퍼팅감이 너무 좋았다' 라고 말하는 반면, 아깝게 우승을 놓친 선수나 전번 경기보다 나쁜 결과를 내 선수들은 하나같이 '퍼팅감이 나빴다' 라고 하는 것을 듣게 된다.

같은 경기장에서 전날에 비해 퍼팅수가 무려 10개가 차이 나는 경우를 볼 수 있는데 왜 하루 사이에 이렇게 퍼팅 감각이 변했을까?

퍼팅은 기계가 아닌 사람이 하는 것이기 때문에 그날의 기분과 몸의 상태에 따라 방향성과 거리감 또는 경사감에 대한 오차가 크고 작을 수가 있을 것이다. 그러나 퍼팅을 과학적으로 설명하기 힘든 단어인 '감' 으로만 생각하고 단지 퍼팅감에만 의존하면 전날에 비해 10타씩이나 차이가 나도 근본적인 해결책을 찾을 수 없게 된다.

그러나 퍼팅은 역학적으로 쉽게 설명되는 단순한 동작이다. 단순한 동작인 퍼팅에 관련된 간단한 역학적인 형상을 정확히 이해하면 자신의 잘못된 퍼팅의 문제점을 빨리 파악하고 수정할 수 있게 될 것이다. 퍼팅은 예술이라고 하기도 하고 감이 좋아야 한다고 할 수 있으나 거기에는 과학적으로 풀어야 할 문제가 있음을 알아야 한다.

결론적으로 자신의 퍼팅에 무엇이 문제인지를 파악하여 그것을 과학적인 차원에서 해결하는 것이 좋은 퍼팅의 결과와 퍼팅감을 유지하는 길이 된다.

3) 퍼팅한 볼이 구르는 원리

일단 그린 위에 골프 볼이 올라가게 되면 '그린 읽기' 를 통해 홀컵에 볼을 쳐서 넣기 위한 방향과 정확한 거리를 판단하게 된다. 이때 잔디상태나 경사, 그린의 빠르기 등을 고려하여 정확한 판단을 하는 것이 중요하다. 그리고 정확한 판단대로 볼을 칠 수만 있으면 퍼팅은 정말 신나는 것이 되고 골퍼의 타수는 자연적으로 내려갈 것이다.

이러한 희망을 이루어내기 위해서는 골프공이 구르는 원리를 정확히 이해하여야 한다.

일반적으로 물체는 어느 한쪽에 충격을 가하면, 충격을 가하는 방향 또는 그와 비슷한 방향으로 진행 하게 되어있다. 충격(충격량 = 힘 × 시간)을 받은 물체(골프 볼)의 진행방향과 속도 및 이동거리는 충돌 당시의 여건, 다시 말하면 충격을 가하는 물체(퍼터)의 질량과 속도, 충격을 받는 물체(골프 볼)의 질량, 물체와 물체 사이의 반발계수(퍼터와 골프볼 사이의 반발계수), 충격을 받은 물체가 진행할 때 주변 물질(그린의 잔디)의 종류 및 상태에 따라 결정된다.

4) 퍼팅의 연결동작

- 퍼팅은 가장 안정되고 편안한 자세에서 이루어져야 한다. 경사가 없는 그린을 찾은 후 샤프트 또는 그립의 원하는 부분을 편하게 잡고 어드레스한 상태에서 퍼터헤드가 수평을 이루고 있으면 라이 각이 맞는 것이다.
- 그립을 잡고 가장 편한 퍼팅 자세를 취하였을 경우 손끝 부분에서 1 cm 이상 그립의 뒷부분이 나오지 않으면 맞는 길이이다.

① **어드레스(address)**

퍼팅 어드레스

- 시선은 볼 위에 있으며 어드레스 시 얼마나 편안한 자세인가를 주의한다.
- 가장 중요한 것은 긴장하지 않고 편한 자세에서 어드레스 시에 볼과 홀의 사이에 거리, 라이, 경사 등을 마지막으로 확인해야 한다.

그립

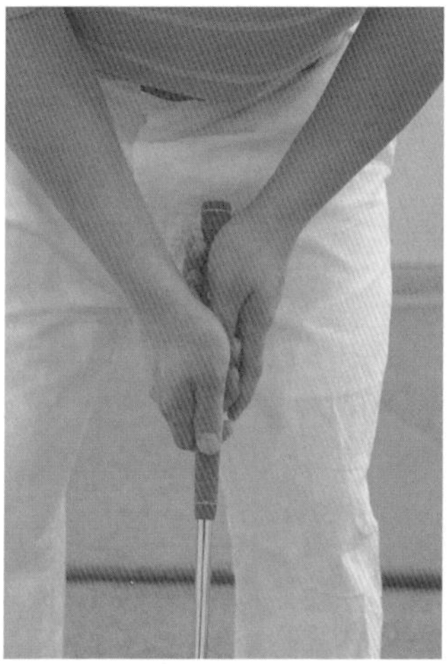

Reversed overlapping grip

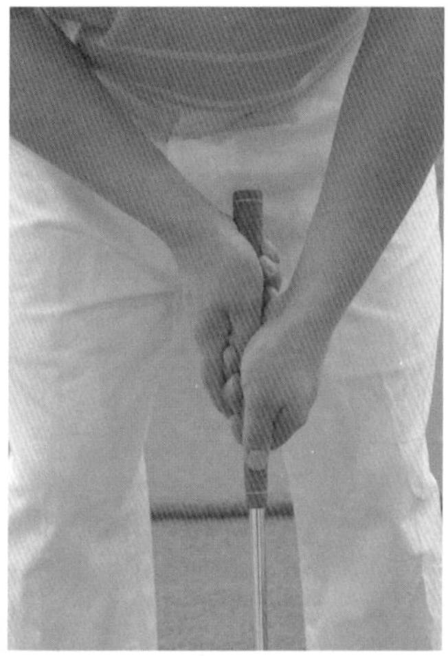

Cross-handed grip

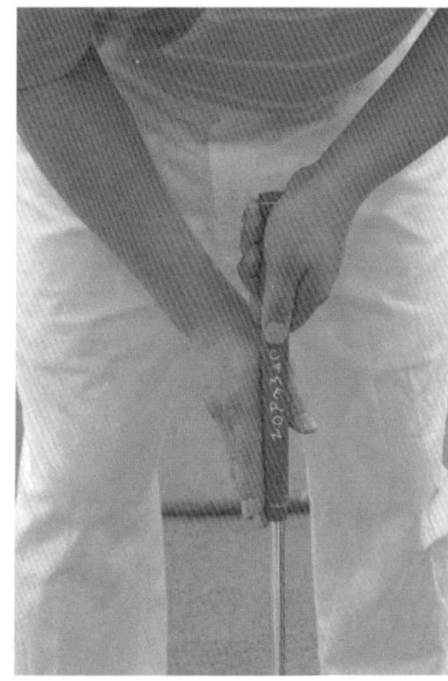

pincers grip

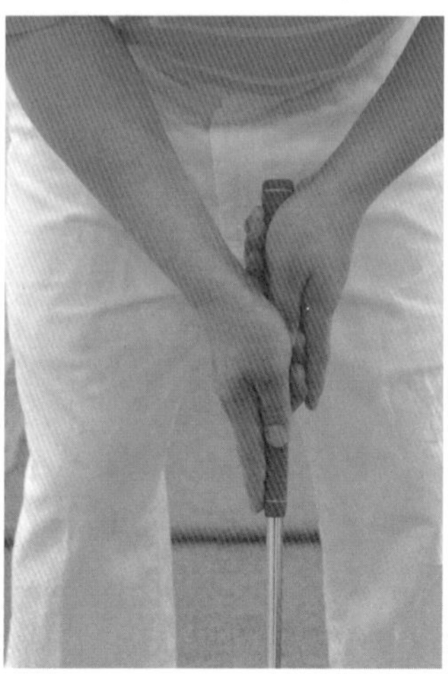

Conventional grip

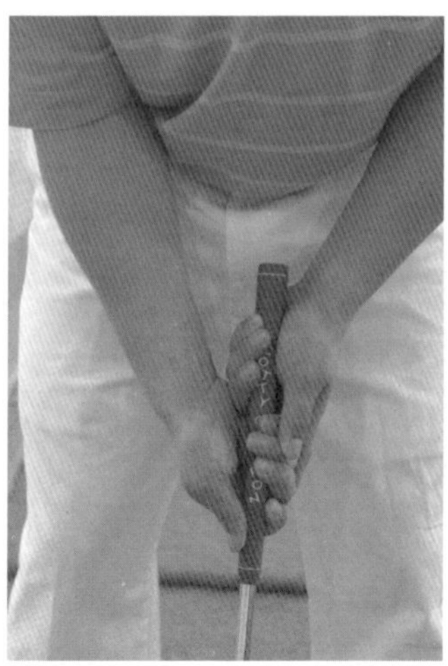

paul runyan grip

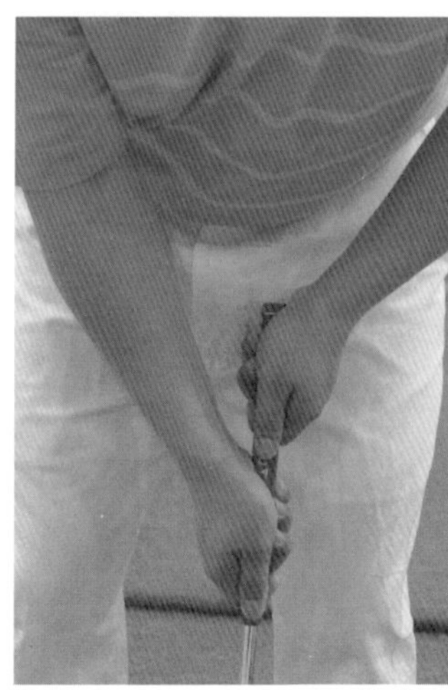

split-handed grip

목표겨냥 방법(aim: 에임)

그린위의 라이를 읽고 있는 골퍼

- 볼을 마크 하고 홀의 위치, 볼의 위치, 거리, 경사, 잔디결등을 체크하고 볼이 어떻게 굴러갈 것인지 생각한 후에 에임을 한다.
- 일반적인 스윙과 달리 퍼터는 그린의 경사, 라이 등에 많은 영향을 받으므로 항상 정확한 확인과, 캐디의 도움을 받는 것이 좋다.

셋업의 방법

페어웨이 디봇에 위치한 볼

스탠스

스탠스는 평균 30~40 cm이며 두발은 평행하게 놓는다.

스탠스가 너무 넓거나 좁으면 일정한 스트로크를 하기가 어렵다.

볼의 위치

측면에서 본 볼의 위치

• 경사가 없는 그린을 찾아 퍼팅을 정확히 해본 결과, 볼이 홀의 왼쪽으로 구른다면 공의 위치를 오른발 쪽으로 옮겨라. 어드레스 상태에서 동전을 오른쪽 눈 옆에서 떨어뜨렸을 때 떨어지는 지점이 목표물과 일직선상에 있어야 한다.

체중의 분포

정면 셋업 자세

• 두발의 간격은 투어 프로의 경우 30~40 cm 정도를 유지하고 체중이 양쪽 발에 똑같이 있어야 편안한 자세를 취할 수 있다.체중이 한쪽으로 치우치게 되면 거리에 맞는 스트로크가 어렵게 된다.

몸의 자세(posture)

정상적인 몸의 자세

• 팔은 살짝 굽히고 팔꿈치는 두 팔과 어깨가 삼각형 모양으로 갈비뼈 쪽을 향하고 있어야 한다. 무릎은 편하게 살짝 굽혀야 한다. 퍼팅은 섬세한 터치를 필요로 하기 때문에 가장 편하게 두 팔이 느슨하게 구부린다.

② 백스윙

퍼팅 백스윙

- 어깨, 팔, 손 그리고 클럽이 함께 움직이는 부드러운 백스윙이 되게 한다.
- 손목은 독립적으로 꺾이지 않으며 백스윙에서 다운스윙으로 전환할 때 부드럽게 유지한다. 이는 퍼터가 순간적으로 손 뒤로 끌리는 듯한 느낌을 갖게 한다.
- 임팩트 순간에 퍼터가 손보다 앞으로 나가지 않게 하여 클럽면이 닫혀서 볼이 왼쪽으로 가는 것을 막아준다.

체중이동

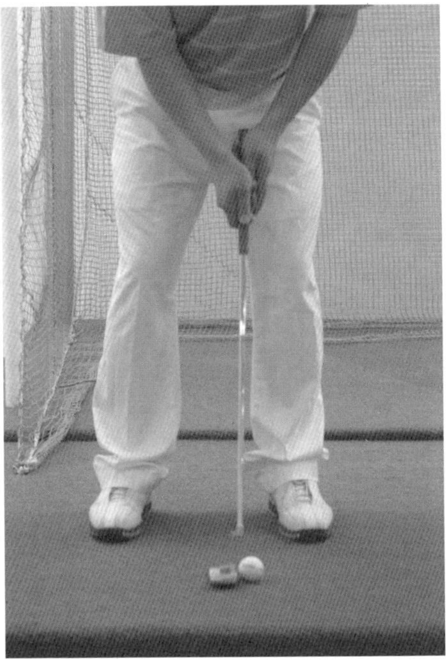

안정감 있고 편안한 하체

- 퍼터는 큰 체중이동이 필요가 없으므로, 손과 팔, 어깨의 이동을 이용한 상체의 체중이동을 유도하여야 한다. 하체의 체중이동이 있으면 볼의 정확한 터치가 어렵다.

스윙궤도

어깨와 팔을 이용한 가벼운 테이크백

- 스윙 궤도는 백 스윙시 항상 일정하게 퍼터헤드와 볼이 수직이 되도록 유지한다.
- 스윙궤도가 클럽헤드가 수직이 되지 않으면 목표한 방향으로 스트로크를 할 수 없다.
- 퍼팅 스트로크를 하는 동안 스윙의 중심이 되는 머리 부분은 움직이지 않도록 해야 한다.
- 백스윙의 크기와 팔로스루의 크기를 같도록 하는 것이 리듬감을 유지하는 데 도움이 된다.

스윙크기

큰 백스윙

작은 백스윙

• 백스윙의 크기는 볼을 보내고자 하는 거리에 비례하여 커져야 하고 팔로스루의 크기와 같도록 유지한다. 백스윙의 크기와 팔로스루의 크기가 일정하지 않으면 부드러운 터치가 어렵고, 거리를 맞추기가 힘들어 진다.

③ 임팩트

퍼팅 임팩트

• 퍼팅의 임팩트 자세는 셋업과 일치해야 한다.

• 클럽헤드는 임팩트 직전에 아크의 최저점을 통과하고, 위로 향하면서 볼을 치게 되므로 볼에는 백 스핀이 걸려서 날아가다가 땅에 떨어져서는 탑 스핀이 걸려 부드럽게 굴러가게 된다. 머리를 고정시켜 불필요한 상체동작을 제거함으로써 정확한 스트로크로 퍼터가 의도한 방향으로 움직이게 한다.

④ 팔로스루

퍼팅 팔로스루

- 팔로스루에는 백 스윙 시 보다도 퍼터 헤드가 훨씬 높게 위치되어 있음을 알 수 있다. 그것은 부드러운 가속도와 상향 임팩트의 결과이다. 이때 머리를 들어 볼을 본다.
- 퍼팅 스트로크의 부드러운 리듬은 매우 중요한 요인이다. 퍼터는 물 흐르듯 앞뒤로 움직인다. 퍼팅은 볼을 때리는 것이 아니라, 부드러운 가속으로 볼이 의도한 방향으로 가게 하는 것이다.

골프스윙향상을 위한 연습방법

5

1 드라이버 스윙 연습방법

1) 자신에게 맞는 일정한 스탠스로 연습하기

자신에게 맞는 스탠스 결정 방법

드라이버를 꺼내고 평상시처럼 걷는다. 몇 걸음 걷다가 멈추며 이때 발을 움직이지 않는다. 보폭길이와 똑같이 어드레스 자세를 취한다. 이 거리가 걸을 때 최상이 균형을 제공하는 평균 보폭이다. 일정한 스탠스가 볼의 상대적 위치, 체중이동 일관성, 스윙 궤도, 샷의 정확성을 높인다.

2) 긴장을 풀고 타이밍과 리듬감을 높이는 훈련

신경이 날카롭거나 긴장하면 스윙이 망가지게 된다. 불안은 클럽이 자연스럽게 스윙하는 것을 방해하고 볼을 인위적으로 맞추려고 노력하게 만든다. 이것은 미스 샷을 초래하는 지름길이므로 문제가 발생하면 이 기술을 연마하는 것이 좋다. 이 연습은 당신의 손과 팔을 자유롭게 할뿐만 아니라 당신의 스윙에서 긴장을 제거해 준다. 또한 클럽헤드가 보다 힘 있게 볼을 칠 수 있게 해주어 스윙이 다시 정상적로 돌아오게 한다.

타이밍 훈련 (드라이버를 거꾸로 들고 스윙)

드라이버 클럽이 아주 가볍게 느껴지는 헤드 부분을 잡고 오랫동안 리듬 있도록 최저점이 지면에서 30 cm 정도 되게 스윙을 한다. 그러나 무엇보다도 중요한 사항은 볼이 놓여있는 타격지역을 지날 때 "휙" 소리가 나야한다.

정상적으로 클럽을 잡고 위와 같이 부드럽고 리듬 있는 스윙을 한다.

1. 타이밍이 올바를 때에만 이러한 소리를 들을 수 있다.
2. 샤프트 끝의 클럽헤드의 무게를 느낄 수 있으며 커다란 "휙"소리를 들을 수 있다.

3) 템포훈련

웨지 스윙

드라이버 스윙

- 백에서 웨지와 드라이버를 꺼내서 웨지로 볼을 12개 정도 때린다. (목표를 겨냥하는 것보다 정확하게 볼을 때리도록 컨트롤 한다.)
- 드라이버로 웨지샷과 똑같은 속도와 리듬으로 2~3개의 볼을 쳐본다.
- 웨지샷을 6개 때린후, 2~3개의 드라이버샷을 반복해서 친다.

4) 임팩트의 정확성을 높이는 훈련

백에서 드라이버를 꺼낸 후, 정상적인 그립을 잡고 어드레스 한다.

다시 그립을 3~4 cm 내려잡아 그립의 끝이 왼손 밖으로 나오게 한다.

정상적으로 백스윙을 한다.

백스윙 탑에서 약1초미만으로 멈춘다.

다운스윙을 시작할 때 늦게 움직인다는 느낌을 갖도록 한다.

평상시처럼 스윙하면 컨트롤이 크게 향성된 것을 느낄 것이다. 그립을 내려잡으면

클럽을 짧게 잡고 백스윙 탑에서 잠깐 멈춘다.

클럽의 길이가 짧아져 스윙의 길이와 회전반경을 약간 감소시키지만 스윙에 의도적으로 변화를 줄 필요는 없다.

다운스윙에서 처음 움직이는 팔과 손의 움직임이 중력에 의해서 아래로 떨어지도록 느껴본다.

5) 등이 목표를 향하도록 백스윙하는 훈련

목표물을 향해서 등을 보이는 것은 완전한 회전을 유도하며 이는 파워를 만드는데 필수적인 요소이다. 반면에 클럽이 목표를 향하는 것은 라인상에 똑바로 정렬했음을 의미한다. 이러한 두 가지 중요한 요소의 조화는 클럽을 자유롭게 스윙하도록 하고 임팩트시 올바른 궤도를 유지하게 하여 더욱 빠른 클럽스피드와 정확한 타격을 할 수 있게 한다.

백스윙 탑

- 백스윙을 할 때 당신의 등이 목표를 향하도록 한다.
- 백스윙의 정점에 이르렀을 때 클럽이 목표물을 가리키도록 한다.
- 우측어깨 자리에 좌측어깨가 오며 턱 밑에 위치한다.
- 어깨를 완전하게 회전시키며 체중을 좀 더 쉽게 오른쪽으로 이동하고 백스윙의 정점에서 클럽이 평행을 이룰 수 있게 한다.
- 드라이버시 슬라이스가 많이 나는 골퍼들에게 도움을 준다.

② 아이언 스윙 연습방법

1) 정확한 볼의 위치를 정한다.

아이언 클럽은 1/2인치씩 길이의 차이가 있으므로 같은 셋업 자세를 취했을 때 볼의 전후방향의 위치가 클럽이 짧아질수록 몸 쪽으로 가까워져야 하는 것은 당연한 일이다.

볼의 좌우 위치는 선수에 따라서는 일정하게 유지해야 한다고 주장하는 사람이 있는가 하면, 많은 선수들은 가장 긴 클럽인 드라이버의 경우에는 왼발 뒤꿈치 앞에 두고 클럽이 짧아질수록 오른쪽으로 이동시키는 것이 방법을 일반적으로 사용하고 있다.

아이언 3, 6, 9번의 볼 위치

가장 잘 칠 수 있는 아이언을 가지고 적당한 볼의 전후 좌우 위치를 먼저 결정한다. 이 위치를 기준으로 아이언의 번호가 3번씩 길어지면 볼 1개 거리만큼 멀고 왼쪽으로 이동하고, 3번씩 짧아질 때는 반대로 볼 1개 거리만큼 몸 쪽으로 가깝고 오른쪽으로 이동하면 된다.

2) 긴장을 풀기위한 웨글(waggle)과 포워드 프레스

포워드 프레스

웨글이란 손, 팔, 어깨의 긴장을 풀기 위하여 백스윙을 시작하기 전에 클럽을 좌우로 부드럽게 흔들어 주는 동작이다.

어드레스에서의 웨글 동작은 골퍼들의 긴장감을 해소하고 손과 팔을 부드럽고 편안하게 해주어 자연스러운 백스윙이 이루어지도록 하여 스윙에 필요한 리듬감이 생기게 한다.

왜글은 테이크 어웨이의 경로를 순간적으로 점검함으로써 시작동작에 익숙해지도록 한다.

백스윙을 시작하기 전에 그립부분을 약간 앞으로 밀어주는 동작을 포워드 프레스라고 하는데 이것도 부드러운 백스윙을 하는데 도움이 된다.

3) 적당한 샷의 크기결정

가장 정확하게 멀리 보낼 수 있는 스윙의 크기를 찾는 것은 골퍼에게 무엇보다 중요한 과제이다. 일반적으로 많은 프로골퍼들은 드라이버의 경우에는 샤프트가 지면과 수평을 이루는 풀스윙 (100%)을 하고 목표지점의 거리가 짧아져서 클럽의 길이가 짧을 것을 사용할 때는 스윙의 크기가 작아지는 경향을 보인다.

비거리 면에서 큰 손실이 없이 정확한 샷을 일관성 있게 하기 위해서는 자신의 최대 힘과 풀 스윙의 3/4 (70~80%) 정도의 샷을 하는 것이 효과적이라 한다.

3/4 스윙

4) 스윙중심의 상하이동을 막는 훈련

다운스윙에서 임팩트 순간까지 머리가 일정한 높이를 유지하지 못하면 볼을 완벽하게 임팩트 하는데 문제가 생긴다.

백스윙시 올바른 체중 이동을 하기 위해서는 5~10 cm정도 머리가 오른쪽으로 움직이는 것이 바람직하며, 임팩트 시에는 원래의 위치를 향해서 움직인다.

보조자가 플레이어의 머리에 손을 얹고 스윙

플레이어가 보조자를 마주보고 서서 어드레스 자세를 취한다. 보조자가 플레이어의 머리에 손을 얹고 머리를 고정 시킨다.

백스윙을 실시하되 이 때 머리는 고정되어 있어야 한다.

다운스윙에서 임팩트의 시점까지 머리를 고정시켜야 하며 이것은 어깨의 긴장을 풀고 일정한 척추 각도를 유지할 할 때 가능하다.

5) 레이트 힛 훈련

이른바 늦게 때리기(late hit)는 의식적인 동작이나 기술이 아니다. 이것은 백스윙의 정점에서 다운스윙까지 손목과 클럽 샤프트 사이의 각도를 잘 유지하고, 볼에 가까워질 때 손목이 점차 풀어지도록 하게 함으로써 얻을 수 있는 타이밍이 매우 좋은 다운스윙의 결과이다.

오른손을 왼손과 8 cm 정도 간격을 두고 백스윙을 3/4으로 한다.

임팩트 순간에 오른팔을 편다.

6번 아이언 클럽을 선택하여 적어도 양손의 간격이 8 cm 정도 되도록 한다.

부드럽게 백스윙을 한 후, 오른손이 타격 지역에서 쭉 펴지도록 한다. 손목은 다운 스윙의 속도가 빨라지면서 타격 지역을 지나는 동안 점진적으로 풀어져야 한다.

3 숏게임 스윙 연습방법

1) 바구니 맞추는 연습

바구니를 놓고 연습

피칭샷은 매우 높은 정확도가 있어야 한다. 매번 볼을 깃대에 가까이 붙여야 하며 단지 그린에 올리는 것만으로는 충분하지가 않기 때문이다. 다음과 같은 방법으로 훈련 함으로써 궁극적으로 자신의 기대 수준이 높아질 것이며 좀더 볼을 잘 칠 수 있는 방법을 알게된다.

2) 자신이 가지고 있는 웨지의 거리 파악 연습

웨지 샷 장면

그린으로부터 35 m~110 m 떨어진 곳에서 정확한 샷을 하기 위해서는 많은 웨지가 필요함을 알고 있어야 한다. 46도 내외의 피칭웨지로부터 갭웨지, 샌드웨지, 62도 내외의 로브웨지까지 똑같은 스윙으로 비거리와 볼의 탄도를 파악해 두어야 한다.

3) 5 m 간격으로 볼을 놓고 웨지를 바꾸어 가면서 연습하기

목표지점에 볼을 보내기 가장 유리한 피칭샷에 비중을 두고 연습하는 것이 바람직하다. 따라서 다양한 목표지점을 정해 놓고 피칭 연습을 함으로써 한 번에 목표지점에 볼을 보낼 수 있도록 연습한다. 특정 목표지점에 한번만의 샷을 함으로써 실전과 같은 연습을 하게 된다.

4) 벙커샷 연습—볼 뒤에 선을 긋고 연습하기

볼 뒤에 선을 긋고 연습

5) 벙커샷—그립을 짧게 잡고 연습하기

짧은샷을 칠 때마다 그립을 내려 잡는 것이 중요하며 벙커샷도 예외가 아니다. 일반적으로 평상시 그립보다 5 cm 아래를 잡는 것이 이상적이다. 이러한 변화는 클럽헤드에 좀 더 가까이 감으로써 컨트롤이 잘 되게 한다. 스윙 시 클럽헤드에 대한 감각이 증가하며 컨트롤 하기가 좋다. 단, 볼이 발보다 아래쪽에 놓여있는 경우에는 내려잡지 않는다. 이때에는 정상적인 그립을 잡아야 임팩트시 클럽헤드가 볼에 닿을 수 있다.

짧은 벙커샷의 감을 향상시키기 위해 그립을 짧게 잡는다.

6) 페어웨이 벙커 샷

볼이 페어웨이 벙커에 빠졌을 경우에는 같은 거리의 페어웨이 샷보다 한 클럽 긴 것을 사용한다. 한 클럽을 높게 잡는 이유는 벙커샷에서의 스윙궤도가 작기 때문이다. 길이가 긴 벙커샷에서는 클럽을 2.5 cm정도 내려잡아야 발이 모래에 파묻혀 스윙의 지점을 낮추는 것에 맞출 수 있다. 그러므로 클럽을 내려잡지 않으면 둔탁한 샷을 치기 쉽다. 하지만 그립을 2.5 cm정도 내려 잡으면 스윙의 궤도를 작게하여 볼에 정확하게 임팩트 할 수 있으나 볼은 덜 날아간다. 또한 발이 모래에 파묻혀 있으므로 다리의 움직임을 제한하여 파워풀한 스윙을 할 수 없게 되어 거리가 짧아진다.

④ 퍼팅연습방법

1) 좋은 스트로크를 위한 바른 정렬 (클럽으로 길을 만들고 퍼팅연습하기)

홀컵에서 2 cm떨어진 지점에 선다.

홀 방향으로 2개의 클럽을 퍼터헤드보다 2.5 cm 여유가 있도록 나란히 놓는다. 이 두 클럽은 퍼터면을 홀과 수직이 되게 겨냥하도록 도와주며, 퍼팅의 정확한 방향도 제시해 준다.

정확히 두 클럽 사이에 볼을 놓고 어드레스 자세를 취한다. 만약 퍼터 면이 두 클럽과 90도 각도를 이루면, 당신은 홀을 향해 정확히 겨냥하고 있는 것이다.

백스윙에서 퍼터가 이 두개의 클럽 사이를 따라 잘 움직이도록 한다.

다운스윙 때에도, 두 클럽과 평행을 이루며 퍼터가 같은 궤도를 따라 볼과 접촉이 일어나도록 한다. 만약 퍼터 면이 임팩트 시 직각을 이루면, 볼은 홀 안으로 들어갈 것이다. 당신의 어깨, 팔, 손, 그리고 클럽은 모두 다 함께 움직여야 한다. 어드레스 때 두 팔과 어깨가 이루는 삼각형 구조를 유지하면서 그립을 부드럽게 잡는다. 또한 백스윙에서 앞쪽으로 방향을 전환할 때, 퍼터가 뒤로 끌리는 듯한 느낌을 갖도록 노력한다.

2) 스윗 스팟으로 임팩트 연습 (퍼터에 티를 테이프로 달고 임팩트 연습)

두 개의 티를 테이프를 이용해서 퍼터면의 스윗 스팟에서 2 cm 떨어진 곳에 수직으로 붙인다. 최근에는 거의 모든 퍼터에는 스윗 스팟을 점이나 선 등으로 표시되어 있다.

2 m 이하의 퍼팅을 몇 번 실시한다. 이때, 붙여둔 티와 부딪히지 않고도 볼을 칠 수 있다면 성공적으로 스윗 스팟을 이용해 퍼팅을 한다는 증거이다. 하지만, 골프 티가 볼과 퍼터헤드의 사이에 끼게 되면 볼은 자연히 이상한 방향으로 굴러갈 것이다. 아마도 볼을 치면서 뭔가가 이상한 소리가 들리거나 그런 느낌을 받았다면 당신은 지금 퍼터의 양 끝으로 퍼팅을 하는 것이 된다.

점차 짧은 거리에 익숙해지면 서서히 스트로크의 길이를 늘이면서 볼을 티 사이의 스윗 스팟으로 치도록 노력한다.

3) 벽에 머리를 대고 퍼팅 연습하기

머리를 벽에 붙인 후, 퍼터를 가지고 정상적인 어드레스 자세를 취한다.

코 등에서 볼을 떨어뜨린 후, 이 떨어진 지점에 볼을 놓고 스탠스를 취한다.

4 m 정도의 중간 거리 퍼팅을 벽을 따라서 한다. 벽을 따라 볼이 가는 방향을 본다. 처음에는 퍼터의 헤드가 뒤로 똑바로 이동해야 하지만, 백 스윙이 커짐에 따라 안쪽으로 호를 그리면서 백스윙이 되어야 한다. 그리고 임팩트에서는 클럽헤드가 직각이 되어야 하고, 팔로스루를 할 때는 다시 안쪽으로 움직여야 한다. 만약 퍼터헤드가 올바른 궤도로 움직이고 임팩트 시 퍼터헤드가 직각이 되면 볼은 반드시 벽면과 평행하게 구를 것이다. 그렇지 않다면 퍼터가 잘 놓이지 않았거나 스트로크에 문제가 있다는 말이다.

4) 작은 목표물을 향한 연습

그린 위 어디든지 한 개의 티를 꽂아라.

2 m 떨어진 거리에서 3 또는 4개의 볼을 티를 향해 퍼팅을 한다. 모든 볼이 티를 맞출 수 있도록 노력하라.

2 m 거리에서 자신감이 생기면 3 m 혹은 거리를 더 늘려서 반복적으로 실시한다.

5) 다양한 그립으로 퍼팅 연습

1. 다양한 그립의 퍼팅연습을 통해 자기 자신에게 맞는 그립을 찾는다.
2. 짧은 거리난 긴 거리의 퍼팅에서 문제점이 발견되면 다른 방법으로 연습해 본다.

골프코스 공략법 6

골프가 우리에게 주는 가장 매력적인 요인은 골프코스의 지형, 모양, 잔디, 호수, 바람 등 상황에 따라 변화하는 컨디션에 적응하는 것이다. 다양한 변화를 적응하여 그 상황을 극복하는 법을 배우는 것은 골프경기의 필수 조건이다. 특별한 샷이 요구되는 상황을 파악하고, 그에 따른 해결방법을 익히는 것은 골프 경기력 향상을 위해서 빼 놓을 수 없는 사항이다.

1 업힐과 다운힐 라이에서의 샷

우리나라의 지형상 산악 지역에 골프장을 건설하는 경우가 많으므로 많은 골퍼들이 업힐 라이에 공이 있는 경우가 많이 발생할 것이다. 업힐 라이란 스탠스를 취했을 때 왼발이 오른발보다 높은 것을 말한다.

우선, 업힐 라이에서는 어떤 실수가 자주 발생하는가에 대해서 이야기 해보자.

업힐 라이에서는 왼발 쪽으로 체중 이동이 어려워지고, 낮은 오른발에 체중이 치우쳐 스윙 궤도가 인사이드로 당겨지는 경향이 생긴다. 따라서 풀(pull)이 자주 발생하게 되고, 자연스런 스탠스를 취했을 경우 로프트 각이 커지게 되어 볼의 탄도는 높아지고 비거리가 짧아지게 된다.

높은 위치에 있는 왼쪽 무릎을 많이 굽혀서 체중이 실리게 하고(좌: 우 = 60: 40), 지면과 몸이 수직이 되도록 스탠스를 취하여 어깨선이 지면과 평행하게 한다.

볼의 위치는 경사가 심할수록 스탠스의 왼쪽에 놓는다.

거리의 손실을 보충하기 위하여 경사도를 감안하게 긴 클럽을 길게 잡는다.

풀이 나는 것을 대비하여 목표의 오른쪽을 겨냥해 스윙을 한다.

다운힐 라이는 업힐 라이와 반대로 스탠스를 취했을 때 오른발이 왼발보다 높은 것을 말한다. 업힐 라이에서와 마찬가지로 지면과 몸이 수직이 되고, 오른쪽 무릎을 굽혀 어깨선이 지면과 평행하게 스탠스를 취하여 몸이 낮은 쪽으로 치우치지 않도록 주의한다.

볼의 위치는 스탠스의 중앙보다 약간 뒤쪽에 둔다.

탄도가 낮아져서 비거리가 늘어나게 되므로 풀 스윙보다는 안정된 3/4 스윙을 하는 것이 좋다.

푸시에 대비해 목표의 왼쪽을 겨냥해 스윙한다.

업힐과 다운힐 라이에서는 정상적인 라이에서와 같은 편안한 감(feel)이 생길 때까지 몇 차례의 연습 스윙을 한 후에 샷을 하는 것이 바람직하다.

2 볼이 발보다 높거나 낮은 경우의 샷

골프연습장에서 연습을 할 때에는 모든 샷이 편평한 곳에서 이루어지지만 실제 골프장에서 플레이를 할 때는 다양한 라이(lie)에 볼이 놓여지는 상황을 만나게 된다. 크게 나누면 네 가지로 구별이 되는데, 첫째는 볼이 발보다 높을 때, 둘째는 볼이 발보다 낮을 때, 셋째는 볼이 오르막 경사(uphill)에 있을 때, 넷째는 볼이 내리막 경사(down hill)에 있을 경우 등이다.

이 중에서 볼의 위치가 발보다 높은 경우와 낮은 경우에 샷을 할 때 유의할 사항은 무엇인가?

볼의 위치가 발보다 높은 경우에는 일반적으로 볼의 뒤땅을 치거나 풀(pull)이나 훅(hook)이 많이 발생하게 된다. 볼의 뒤땅을 치게 되는 이유는 볼의 위치가 높기 때문이다. 이는 어드레스 때 자세를 약간만 바로 세우거나 그립을 짧게 잡는 것으로 비교적 쉽게 수정할 수 있다

또한 볼의 위치가 높을 때에는 라이 각이 줄어들고, 스윙 면이 편평해지므로 인사이드 스윙 궤도가 생기고, 낮은 곳으로 몸이 쏠리는 현상 때문에 풀이나 훅이 발생하게 되는데, 이것을 방지하기 위해서 아래에 제시한 6가지 사항을 염두에 두는 것이 좋다

1. 지면의 경사와 수직으로 스탠스(자세)를 취함으로써 정상적인 라이 상태와 비슷한 조건이 되게 하라.
2. 그립을 약간 짧게 잡아서 '뒤 땅' 을 방지하라.
3. 체중 이동을 많이 하지 않기 때문에 볼을 스탠스 중앙에 둬라.
4. 스윙 중 머리의 높이를 고정시켜라.
5. 목표의 오른쪽을 겨냥하라.
6. 연습 스윙을 2~3회 한 후에 풀 스윙보다 작게 하라.

반대로 볼의 위치가 발보다 낮은 경우에는 일반적으로 볼의 윗부분을 치거나(topping), 푸시(push)나 푸시 슬라이스(push slice) 등의 잘못이 많이 발생하게 되는데, 이를 방지하는 방법은 다음과 같다.

1. 면의 경사와 수직으로 스탠스(자세)를 취하되 무릎을 많이 굽힌다.
2. 그립을 길게 잡아서 볼의 윗부분을 치는 것(topping)을 방지하라.
3. 스탠스를 볼과 가깝게 취하라.
4. 머리의 높이를 고정시켜라.
5. 목표의 왼쪽을 겨냥하라.
6. 연습 스윙을 2~3회 정도 한 후에 풀 스윙보다 작게 하라.

'목표를 겨냥할 때 어느 쪽으로, 얼마만큼 겨냥해야 좋은가' 하는 질문에 대한 해답은 연습에서 온다.

③ 경사진 곳에서의 샷

경사진 경우	볼의 위치	스탠스	에임	스윙방법
내리막 라이	볼을 오른발 쪽에 둔다.	아래쪽에 있는 왼발에 체중을 55%. 어깨선을 경사면과 나란히 한다.	슬라이스를 고려하여 목표보다 왼쪽겨냥	탄도가 낮아지므로 사도에 따라 1~2 클럽 짧은 것으로 콘트롤 샷을 한다.
오르막 라이	경사도에 따라 왼발 쪽으로 이동	아래에 있는 오른발에 체중을 60%. 어깨선은 경사면과 평행	훅을 고려하여 목표보다 오른쪽을 겨냥	임팩트시 클럽의 로프트각이 커져 탄도가 높아지고 비거리가 감소하므로 1~2클럽 긴 것으로 컨트롤 샷을 한다.
볼이 발보다 높은 경우	볼을 몸에서 멀리 둔다	높은 좁은 스탠스를 취하고 체중을 발가락에 많이 둔다.	훅이 많이 나므로 목표의 오른쪽을 겨냥	백스윙시 몸이 뒤로 젖혀지지 않도록 주의하고 스윙 궤도가 플랫하게 스윙한다.
볼이 발보다 낮은 경우	볼을 몸에 가깝게 둔다.	넓고 낮은 스탠스, 체중은 뒷꿈치에 많이 둔다.	슬라이스가 나기 쉬우므로 목표보다 왼쪽을 겨냥	몸이 앞을 쏠려 생크가 나기 쉬우므로 부드러운 샷을 한다.

④ 디봇에서의 탈출

대부분의 골퍼들은 드라이버 샷이 페어웨이 한가운데로 잘 갔는데, 가서 보니 수리가 되지 않은 디봇(divot)에 들어가 있어, 실망을 하고 세컨드 샷을 망치는 경우가 있다.

따라서 디봇에 들어가 있는 볼을 칠 때는 다음 사항들을 염두에 두는 것이 좋다.

1. 볼을 오른쪽 발뒤꿈치 앞에 놓고, 그립을 잡은 손은 왼쪽 허벅지 앞에 두는 볼 백: 핸드 포워드(ball back: hand forward) 자세를 취한다.
2. 테이크 백을 할 때 손목을 이용하여 가파르게 클럽을 들어 올린다.
3. 다운 스윙은 강한 그립을 잡고 볼을 땅속으로 쳐 넣는 기분으로 볼의 뒷부분을 내려친다.
4. 이런 샷은 탄도가 낮아져서 착지 후에 런(run)이 많고, 왼쪽에서 오른쪽으로 휘게 되므로 이를 고려해야 한다.

⑤ 긴 러프

많은 아마추어 골퍼들은 러프에서 탈출하는 방법을 어려워한다. 볼이 놓여 있는 지형 조건, 핀의 위치, 그린의 조건 등에 따라 달라지기 때문이다.

왜냐하면 볼이 풀 위에 떠 있는가, 완전히 묻혀 있는가, 그리고 러프의 깊이가 얕은가 혹은 깊은가 등의 상황에 따라 클럽의 선택하고 스윙하는 방법도 달라지기 때문이다.

1) 플라이어 라이

일반적으로 볼이 러프에 있을 때 볼을 보내려는 방향과 풀이 자라난 방향이 같을 때 플라이어 라이(flyer lies)에 놓여 있다고 말한다. 이런 상황에서는 임팩트 시 백 스핀이 걸리지 않기 때문에 평소보다 비거리가 늘고 지면에 떨어져도 런이 많아지므로 한두 클럽 짧게 사용해야 한다. 또한 오픈 스탠스를 취하고 볼을 스탠스 앞쪽에 놓는다. 클럽 페이스를 목표와 스퀘어하게 한다. 이렇게 볼을 공중에 띄워서 런의 양을 줄인다.

2) 플라이어 라이가 아닌 경우의 샷

러프에서 풀이 타겟 반대 방향으로 자란 풀 속(역결)에 놓여 있을 때는 볼을 러프에서 탈출 시키는 것이 우선이므로, 로프트가 큰 클럽을 사용해야 한다. 이런 상황에서는 평상시보다 비거리가 짧아지므로 이를 보충하기 위해 로프트가 적은 긴 클럽을 사용하는 것은 클럽이 풀에 감겨서 깊은 러프를 탈출하지 못하게 되어 더 큰 문제를 야기시킬 수 있으므로 주의해야 한다.

라이에 따라 원하는 만큼의 비거리가 나오지 않더라도 러프에서 우선 탈출해야 한다. 이를 위해 아래사항을 지켜야 한다.

1. 로프트가 많은 클럽을 사용할수록 클럽 헤드가 볼과 더 정확하게 접촉하게 된다.
2. 로프트 각이 크면 볼이 공중에 쉽게 떠오를 수 있고, 볼이 쉽게 러프에서 벗어날 수 있다.
3. 러프의 영향으로 임팩트 순간에 클럽 페이스는 닫히게 되어서 평소보다 로프트의 영향이 감소된다.
4. 러프에서는 풀이 자란 방향과 관계없이 공통적으로 백스핀이 걸리지 않아 런이 많다는 점을 기억해야 한다.

6 나무 옆에 있는 경우

볼이 나무 사이 깊은 풀 속에 있을 경우에는 최대한 볼을 띄우거나 낮게 치는 샷으로 핀을 바로 공략할 것인가 아니면 우선 위기를 탈출할 수 있는 가장 좋은 공간으로 탈출할 것인가를 선택해야 한다.

정상적인 샷을 할 때에는 나무사이의 폭과 길이를 파악하여 그 공간을 통과할 수 있는 클럽을 선택한다. 핀을 바로 공략 할 수 없다면 페어웨이로 탈출하는 것이 최선이므로 페어웨이로 안전한 샷을 하도록 한다.

7 벙커에 박힌 볼

대부분의 아마추어 골퍼들이 벙커에 볼이 박히면 그린으로 탈출하는 것을 어려워한다.

볼이 벙커에 박혔을 경우에는 클럽 면과 자세를 오픈시키는 대신에 파묻힌 정도에 따라 샌드웨지나 피칭웨지(많이 묻힌 경우에 사용)를 갖고 목표지점에서 직각으로 서고 클럽 면은 깃발을 향하도록 한다. 볼을 스탠스 중앙에 위치시키고 양손을 클럽헤드보다 앞쪽으로 놓아 로프 각이 작아지게 하여 클럽헤드가 모래 속으로 쉽게 파고들 수 있도록 한다. 백스윙을 시작하면서 손목을 꺾어 가파른 백스윙을 유발하여 임팩트 시 파묻힌 볼을 깊숙이 칠 수 있도록 한다. 또한 일반적인 벙커 샷보다 백스윙을 높고 크게 하여 다운스윙 시 클럽헤드의 속도를 가속시켜야 한다. 팔로 스루가 불가능하므로 강한 임팩트가 있어야 볼이 벙커를 탈출할 수 있게 된다. 벙커에서 탈출한 볼은 그린에서 많이 구르게 된다는 것을 명심해야 한다.

골퍼의 체력유지보완을 위한 필수 영양학

7

올바른 식영학(proper nutrition)의 목적은 골퍼의 운동능력 유지 및 경기 후 회복에 도움이 되는 식단을 스스로 제시하고 계획하는 일에 필요한 기초 영양학적 정보제공에 있다. 기본적 신체운동능력을 유지 및 성장시키는 데 필요한 영양소들은 대략 50가지 정도된다. 이러한 영양소들은 크게 (1) 탄수화물, (2) 지방, (3) 단백질, (4) 비타민, (5) 미네랄, (6) 식이섬유, (7) 물 등으로 분류된다. 위의 나열된 영양소들은 필수영양소로 신체기관 자체에서는 생산과 공급이 불가능한 영양소이다. 골프기량의 지속적 향상과 건강한 골프를 가능하게 할 신체의 준비를 위해 다음의 사항은 반드시 숙지하여야 할 것이다.

1 5대 영양소

1) 탄수화물

탄수화물의 종류, 기능/탄수화물의 소화, 흡수, 함유식품

탄수화물(carbohydrates)은 우리 식사 가운데 총 섭취 열량의 60%를 차지하는 주된 열량 영양소로 매우 중요하다. 탄수화물은 탄소, 수소, 산소를 그 분자 내에 가지고 있는 유기화합물로서 식물체나 동물에 의해 만들어질 수 있으나 주로 식물체에 의해 형성되고, 식물체는 아주 중요한 반응인 광합성(photosynthesis)을 통하여 공기중의 이산화탄소와 토양 중의 물로부터 탄수화물을 합성한다.

탄수화물의 기능

1. 에너지의 공급

신체활동을 위해서는 에너지가 끊임없이 요구된다. 중추신경계는 에너지 급원으로 오직 포도당만을 사용하므로 중추신경계의 원활한 작용을 위해서는 탄수화물은 꼭 있어야 하고 지방도 에너지원으로 쓰이기도 하지만 이때에도 탄수화물이 필요하다. 탄수화물은 지방이 에너지로 쓰일 때 그 과정에서 중간 대사 산물인 케톤체(ketone bodies)가 지나치게 쌓여 일어나게 되는 비정상적인 상태인 케톤뇨를 예방해 준다. 하지만, 탄수화물의 과잉섭취는 다양한 성인병의 원인이 될 수 있는 비만의 주요원인으로 현대의학은 경고하고 있다.

2. 단백질 절약작용

탄수화물의 다른 중요한 기능 중의 하나는 단백질 절약작용(protein sparing action)이다. 단백질도 에너지를 낼 수 있으나 단백질의 에너지를 내는 일 외에도 단백질 고유의 중요하고도 필수적인 기능이 있다. 탄수화물이나 지방에 부족하게 되면 단백질은 이 기능을 못하고 에너지를 내는데 쓰이게 된다. 탄수화물과 지방은 단백질이 에너지원이 되는 것보다 단백질의 고유기능을 행하도록 단백질을 절약시켜 주는 작용이 있다고 볼 수 있다.

3. 장내 운동성

식이섬유질(dietary fiber)은 셀룰로스, 헤미셀룰로스, 리그닌, 펙틴질, 검 같은 것들이 이에 속한다. 이것들은 장 내에서 물을 흡수하여 부드러운 덩어리를 만들고, 이것이 소화기관 근육의 수축을 자극하여 장 내에서 음식물이 잘 이동하도록 연동운동을 돕는 역할을 한다.

4. 신체구성성분

탄수화물과 함께 신체 내에서 중요한 몇 가지의 화합물을 형성하는데 주로 윤활물질이나 손톱, 뼈, 연골 및 피부 등의 중요한 구성요소가 되고 있다. 그 외에도 단당이면서 5탄당인 리보스는 DNA와 RNA의 중요한 구성성분이 되며 이당류인 유당은 칼슘의 흡수를 돕는 작용을 한다.

2) 단백질

단백질의 구조/ 단백질의 분류, 기능/ 단백질 변성, 소화, 흡수, 함유식품

단백질은 신체의 구성기능과 에너지를 내는 기능의 두 가지 면에서 탄수화물이나 지방과 같다. 그러나 단백질은 탄수화물이나 지방 두 영양소와는 달리 신체에서 에너지를 내는 데 쓰이지 않는다.

그 대신, 단백질은 체내에 필수적인 중요한 물질들을 만들거나 운반하고, 또는 외부로부터 이물질과 대항해 싸우기도 하며 나아가서는 뼈, 근육과 같은 연결조직을 이루기도 한다. 또 혈액을 응고시키는 데에도 여러 가지 종류의 단백질이 필요하다. 영양학자들이 권장하는 단백질의 섭취량은 총 섭취량의 15% 정도로서, 지방의 20%, 탄수화물의 65%와 비교하여 볼 때 적은 양이다.

3) 지방

지방의 분류, 기능/ 지방의 소화, 흡수, 함유식품

지방질은 일반적으로 동물성과 식물성으로 크게 나눌 수 있으나, 물리, 화학적 성질에 따라 고체와 액체로 구분지을 수 있다. 또한 지방질의 분류에 있어서 눈으로 보아 쉽게 식별할 수 있는 가시지방질과 식품 속에 포함되어 쉽게 보이거나 분리되지 않는 비가시지방질로 분류되기도 한다. 가시지방질(visible fat)은 식용유, 버터, 마가린, 쇼트닝 등이고, 비가시지방질(invisible fat)은 육류, 어패류, 우유, 달걀, 빵류 등이 포함하고 있다.

지방의 기능

1. 농축된 에너지의 근원

지방은 체내에서 농축된 에너지의 근원이 되므로 매우 중요하다.

2. 체지방 에너지 축적

체지방이 축적되면 곧 에너지가 저장된 것이므로 에너지의 섭취가 부족할 때 바로 쓰이게 된다.

3. 만복감

Satiety value란 식사 후에 느끼는 만복감을 말하는데 지방은 탄수화물이나 단백질보다는 위장 내에 오래 남아 있으므로 만복감을 충분히 느끼도록 해준다. 고지방 식이는 오래 위에 머물러 있기 때문에 쉽게 공복감을 느끼지 못한다.

4. 맛과 향미의 제공
지용성 비타민의 흡수를 도와준다(비타민A, D, E, K의 흡수를 위해서는 작은창자에 지방이 있어야 함).

4) 무기질

무기질은 신체의 성장과 유지 및 생식에 비교적 소량이 필요한 영양소이다. 인체의 구성 성분 중에서 무기질은 체중의 약 4%를 차지한다. 나머지 96% 중에서 탄수화물, 지방, 단백질과 같은 대량 영양소가 30%정도이며, 55~65%의 물과 매우 적은 양의 비타민이 들어 있다.

① 무기질의 분류

무기질은 신체 내에 존재하는 양을 근거로 하여 대량 무기질(macro-mineral)과 미량 무기질(micro mineral)로 분류한다. 무기질 중에서 칼슘(Ca), 인(P), 나트륨(Na), 염소(Cl), 칼륨(K), 마그네슘(Mg), 황(S) 등은 체내에서 체중의 0.05% 이상의 상당량이 발견되므로 이들은 대량 무기질이라고 한다. 반면 철(Fe), 요오드(I), 망간(Mn), 구리(Cu), 아연(Zn), 코발트(Co)는 소량만이 존재하므로 미량 무기질이라고 합니다. 또한 대량 무기질은 식사에서 하루에 100 mg 이상 필요하며, 미량 무기질은 식사에서의 요구량이 적다.

② 무기질의 기능

1. 산, 염기의 균형
무기질은 식품으로부터 흡수되어 신체내에 분포한다. 조직이나 체액 속에 들어 있는 무기질은 많은 대사반응에 필요한 산도 혹은 염기도를 정상으로 유지하도록 조절한다.

혈액, 조직, 세포들의 적절한 산도 혹은 염기도는 비록 다르지만 무기질은 체내에서 적절한 pH를 유지하도록 조절한다. 여러 종류의 무기질 중에서 어떤 무기질은 신체를 산성쪽으로, 또 어떤 무기질은 염기 쪽으로 이루도록 하는 경향이 있다. 무기질은 수용성이므로 물속에서 이온을 형성한다. 양이온(+ ion)을 형성하는 무기질은 나트륨, 칼슘, 마그네슘, 칼륨 등으로 염기도를 증진시키며, 음이온(− ion)을 형성하는 무기질은 염소, 황, 인 등으로 산성을 띤다. 산을 형성하는 무기질은 곡류, 곡류제품, 육류, 닭고기, 계란, 생선에 비교적 풍부하며, 이와 대조적으로 체내에서 염기 반응을 하는 무기질은 과일과 야채에 풍부하다.

2. 신체의 필수성분

무기질은 신체의 각 부분을 형성합니다. 신체를 구성하는 많은 무기질중에서 칼슘과 인은 뼈와 치아 같은 경조직을 구성하는데 중요하다. 뼈와 치아의 칼슘, 인, 불소 등의 농도는 경조직 발달에 많은 영향을 준다. 아연, 구리, 망간 등은 연결조직의 형성에 필수적이다. 또한, 신체 내에서 많은 중요한 기능을 하는 호르몬, 효소, 비타민 등은 무기질을 구성성분으로 함유한다. 시토크롬계는 철을 함유하는 효소로 구성되어 있으며, 그것은 구리에 의해서 활성화된다. 탄산 탈수효소나 카르복시 말단분해효소는 아연을 함유하며, 크산틴 산화효소는 모리브덴을 함유한다. 비타민 중에서도 무기질을 성분으로 하는 것이 있다. 티아민, 비오틴은 유황을, 비타민B_{12}는 코발트를 함유한다. 철은 헤모글로빈의 성분으로서 혈중 헤모글로빈의 기능에 중요한 역할을 하며, 염소는 위내 염산의 성분으로서 위에서 일어나는 소화작용에 중요하다.

3. 물의 균형조절

혈관이나 세포에 들어있는 물이 한 곳으로부터 다른 곳으로 옮겨지려면 삼투현상에 의해서 반투과성 세포막을 통과해야 한다. 세포막을 투과하여 세포 내외로 이동하는 물의 방향과 양은 무기질의 농도에 의해서 결정된다. 무기질의 균형이 이루어지지 않는 경우에는 체액의 축적 또는 탈수를 일으키기도 한다.

4. 촉매작용

무기질은 신체 내에서 일어나는 여러 가지 반응에서 촉매의 기능을 한다. 마그네슘은 탄수화물, 단백질, 지방의 분해, 합성과정에 필요하며, 그 외 구리, 칼슘, 칼륨, 망간, 아연 등 많은 종류의 무기원소들은 체내의 이화작용(catabolism)및 동화작용(anabolism)에서 촉매로서 또는 효소의 구성성분으로 필요하다. 또한 몇몇 영양소의 흡수는 무기질에 의해서 더 증가되기도 한다. 분자가 대단히 큰 비타민B_{12}가 창자벽을 통과해 가는데 칼슘의 도움이 필요하며, 분자가 아주 작은 단당류가 흡수되는 데 나트륨과 마그네슘의 도움을 받는다.

5) 비타민

비타민은 크게 두 가지 종류로 분류될 수 있다. 수용성 비타민(vitB_1, vitB_2, vitB_6, 엽산, vitB_{12}, niacin, 판토텐산, vitC)과 지용성 비타민(비타민A, 비타민D, 비타민E, 비타민K)으로 구분된다.

1. 비타민 B_1

비타민 B_1은 티아민(thiamine)이라고 하며 항각기성 또는 항신경염성 성분으로 분리된다. 비타민 B_1은 당분이 에너지로 전환되는 과정에서 필요한 보조 효소이다. 비타민 B_1은 뇌와 직접적인 관련이 있으며, 뇌는 에너지원으로 곡류, 감자, 고구마, 과일 등에서 오는 당분만을 사용한다.

이러한 당분은 비타민 B_1에 의해 에너지화할 수 있는데 흰쌀밥, 흰빵만을 먹으면 당분은 있으나 이를 분해, 대사하여 에너지로 만드는 데 쓰이는 비타민 B_1이 부족해 뇌에는 실질적으로 에너지가 잘 전달되지 않는 현상이 일어난다.

즉 신경계 및 정신적인 면과 많은 연관 관계를 가지고 있으며 개인의 학습능력 향상에도 도움을 준다.

이외에도 티아민은 말초신경의 정상적 기능에 필요한 물질이다.

- 결핍증 : 각기병, 정신장애, 심장장애, 순환계장애 등의 증세
- 함유식품 : 효모제품, 현미나 가공도 낮은 곡류, 육류 내장, 달걀 노른자와 콩, 땅콩

2. 비타민B_2

Rivoflavin이라고 하며 황록색의 형광을 내는 비타민으로서, 성장 촉진성 비타민(growth promoting vitamin)이라고도 하며 성장과 관계 있는 비타민이다. 순수한 리보플라빈은 광선이나 자외선에 의해 파괴되므로 이 비타민을 강화한 식품은 이 점에 주의하여야 한다.

- 결핍증: 피로감, 무력감, 충혈, 구각염, 구내염, 치아출혈
- 함유식품: 엽록채소, 곡류의 씨눈, 효모, 간, 우유, 달걀흰자, 고기 등

3. 엽산(folic acid)

엽산은 사람을 위시한 모든 척추동물이 정상적으로 성장하거나 번식, 생성과 세포대사의 정상적인 진행을 위하여 식사를 통해 반드시 섭취해야 하는 물질을 말한다. 이 엽산

은 제일 먼저 시금치로부터 분리되었고 녹색잎을 가진 식물에 널리 분포되어 있었으므로 잎을 뜻하는 라틴어에서 그 이름이 유래되었다고 한다. 알코올의 섭취 및 여러 종류의 약제 복용도 엽산의 체내 이용률을 떨어뜨리는 것으로 보이며 특히 아스피린, 경구피임제, 항경련제 등의 과다복용은 엽산의 체내 대사에 불리한 영향을 미칠 수 있다.

4. 비타민 B_{12}

비타민 분자 중에 코발트(Co)를 함유하고 있어서 cyanocobalamin이라고도 부르며 젖산균의 발육을 촉진하는 효과도 있으므로 LLD인자라고도 한다. 사용되고 남은 것은 주로 간에 저장되고 따라서 식사를 통해 부족하게 섭취하여도 결핍증은 쉽게 나타나지 않는다. 오히려 비타민B_{12} 결핍증인 악성 빈혈은 유전적인 결함으로 내재성 인자가 체내에서 합성되지 못하여 초래되는 경우가 많다. 그러나 수년에 걸쳐서 채식을 하는 사람들에게서는 악성 빈혈이 생길 수 있다. 적혈구를 형성하는 데 필요한 조효소로 작용한다.

- 결핍증: 악성 빈혈, 소아의 식욕부진과 발육부진, 성인에게는 만성피로, 권태감, 견비통, 집중력, 기억력 감퇴
- 함유식품: 식품 중에 널리 분포되어 있고, 장내에서 균에 의하여 합성되며, 또 어린이는 우유 또는 모유로 이 비타민의 필요량이 충분히 공급된다고 한다.

5. 나이신(niacin)

나이신은 비타민B_2 복합체에서 분리된 것으로 항펠라그라성 인자 또는 항흑설병 인자라고도 한다. 펠라그라에 걸리면 주로 어린이는 발, 성인은 목, 손, 얼굴, 무릎 등에 피부염이 생기며 구강의 동통, 혀의 적색화, 소화불량, 설사 등을 일으키고 신경계통에 이상을 가져온다. 이러한 병은 옥수수를 주식으로 하는 지방에서 많이 일어나는데 오수수는 니아신의 함량이 적을 뿐만 아니라 오구수에 들어있는 단백질인 zein은 tryptophan의 함량이 적기 때문이다. 트립토판은 체내에서 나이신으로 변하기 때문에 대신 펠라그라를 치료하는 효력이 있다 .

- 결핍증: 펠라그라병(피부염, 치매, 설사 등의 주증상이 나타남)
- 함유식품: 자연식품에 널리 분포, 특히 간, 효모, 육류, 우유 및 달걀 흰자

6. 비타민 C(ascorbic acid)

비타민 C는 괴혈병을 방지하는 물질로 많은 조직에 풍부하게 존재하는 단백질인 콜라겐의 형성에 필수적인 요소이다. 비타민 C가 부족되면 정상적인 콜라겐을 유지할 수 없게 되므로 이로 인한 신체적 변화가 생기게 된다. 오늘날 괴혈병은 거의 볼 수 없으나 이따금 편식을 한 영아, 어린이, 노인에게서 일어나기도 한다. 비타민 C는 수용성이며 쉽게 산화되므로 식품의 판매, 가공, 저장 중에 손실되기 쉽다. 토마토, 감귤류, 주스와 기타 산성과일을 제외한 식품은 저장, 조리, 통조림제조 과정 중에 비타민 C가 어느 정도 손실된다. 장기간 찬 곳에 저장하거나, 장시간 조리하거나, 산소 존재하에서 고온에 식품을 방치하면 손실은 더욱 커진다. 또한 조리수를 버리면 물에 녹아 있는 비타민 C의 손실을 가져오는 결과가 많다. 비타민 C를 보존하려면 가능한 한 식품을 공기와 접촉하지 않은 상태로 찬 곳에 저장하며 단시간에 조리하고, 식품을 잘게 썰지 않는 것이 좋다.

기능

1. 항산화작용

아스코르브산은 쉽게 산화되는 성질이 있기 때문에 항산화제로서 작용할 수 있으며, 실제로 식품 가공시에 산패를 막기 위한 목적으로 이용되고 있다. 신체내에서도 비타민 C는 리놀레산을 비롯한 고도 불포화 지방산, 비타민 E, 비타민 A 등이 산화되는 것을 막는 것으로 생각된다.

2. 콜라겐의 합성

비타민 C는 콜라겐의 합성에 필수적으로 요구된다. 콜라겐은 조직세포를 서로 결합시키는 '시멘트' 처럼 작용하는 단백질로서 뼈, 연골, 치아, 결체조직, 피부 등에 많이 함유되어 있다. 이 단백질은 신체 단백질 중에서 히드록시프롤린(hydroxyproline)과 히드록시리진(hydroxylisine) 등 두 종류의 아미노산을 많이 함유하고 있다. 콜라겐 단백질의 합성과정은 다른 단백질과 마찬가지로 특별한 순서에 따라 여러 아미노산들이 서로 결합됨으로써 이루어진다. 일단 세포의 폴리솜상에서 형성된 폴리펩티드는 구성성분으로서 프롤린과 리신을 함유하고 있는데, 이것이 세포질로 방출되어 나온 후 하이드록시화 반응은 하이드록시라제에 의해서 촉매되며, 이 효소는 보조인자로서 비타민C와 ferrous-iron을 필요로 한다. 하이드록시화 효소의 활성을 위해서는 효소 표면의 특별한 부위에 ferrous iron이 결합되어 있어야 하고, 비타민C는 ferrous iron을 환원형 그대로 유지시킴으로써 활성효소를 지속시키는 경우로 생각된다.

3. 아미노산 대사

비타민 C는 체내에서 콜라겐 합성을 위한 하이드록시화 반응 이외에 다른 중요한 반응에 참여한다. 특히 뇌 중추신경계에서 아미노산 티로신(tyrosine)으로부터 형성된 도파민이 하이드록시화 반응을 거쳐 노에피네프린으로 될 때 비타민 C가 요구되며, 이외에도 비타민 C는 카르니틴(carnitine)이 생합성되는 데에도 요구된다. 이것은 심장, 골격근육, 간 또는 다른 조직의 구성성분으로서 지방산이 세포질로부터 미토콘드리아 내로 운반되도록 돕는 역할을 하는 물질이다. 아미노산 대사 이외에도 비타민 C는 여러 하이드록시화 효소와 함께 스테로이드 약품, 또는 지방대사의 초기 단계에서 중요한 생화학적 기능을 한다.

기타 기능으로 비타민 C는 무기철분의 흡수를 높이고 폴라신의 활성 형태인 테트라히드로폴라신(THFA)을 유지시킴으로써 간접적으로 적혈구의 형성에 관계한다.

- 결핍증: 괴혈병(잇몸이 붓고, 쉽게 출혈, 치아가 느슨해짐), 손발이 민감, 근육 쇠약, 식욕 감퇴, 손톱 밑 출혈, 피하 출혈, 소변의 혈흔, 상처치료 지연, 늑연골 접합부위 확대, 빈혈, 숨참
- 중독증: 구역질, 설사, 철분의 과다한 흡수(특히 남자의 경우), 임신기간중 과잉 섭취한 여자에게서 출생한 유아의 경우에 괴혈증
- 함유식품: 신선한 과일, 채소 등에 많이 함유되어 있다.

첫째: 충분히 마시자!(부족한 수분의 공급)

골프 라운드시 필요한 가장 중요한 요소 중의 하나는 분명 충분한 수분의 공급이다. "충분한 수분의 섭취"는 지키기에 너무나 쉬울 것 같지만 사실 대부분의 골퍼들은 잘 지키지 못하고 있다. 많은 스포츠 생리학자들이 지적한 대로 올바르지 못한 수분의 공급은 지속적이며 성공적인 경기수행을 돕지 못할 것이다. 지금껏 아마추어 및 프로골퍼들과의 경험에서 느낀 차이로는 올바른 물의 섭취를 생활화한 골퍼들은 그러지 못한 골퍼들에 비해 더욱 컨시스턴트한 경기를 보여주었다. 우선, 골퍼 자신이 입안이 마르고 수분이 부족하다 느끼기 전에 보충하는 것이 첫 번째 룰일 것이다. 더운 날씨의 라

운딩은 체온을 올리고 그 올라간 체온을 내리기 위해 신체는 땀을 배출해낸다. 신체적 정신적 많은 소모를 요구하는 라운딩시 컨디션을 유지하기에 가장 필요한 것은 수분의 올바른 섭취이다. 물을 대체하는 많은 스포츠 음료들이 시중에 나와 있다. 이러한 음료들은 스포츠 활동시 소모되는 전해질, 염분 및 탄수화물들을 포함하고 있다. 두 번째 룰로는 경기수행에 의해 수분이 소비된 만큼 섭취해주어야 한다는 것이다. 경기 중 땀의 정도는 골퍼의 체중을 포함한 신체의 특성에 따라 많이 달라진다. 하지만, 더운 여름날 골퍼들에게 권하는 수분섭취의 양은 가능하다면 45분에서 1시간 간격으로 종이컵 두 컵 정도(11온즈)의 양을 섭취하는 것이 이상적이다. 이 양은 날씨와 계절 그리고 체중에 따라 조절하여야 할 것이다. 많은 골퍼들이 잘못 알고 있는 상식으로 카페인을 포함하고 있는 커피와 콜라 등의 음료가 있다. 더운여름 그늘집에 들러 마시는 시원한 냉커피 혹은 콜라는 당신의 경기력에 도움보다는 해로운 결과를 더 많이 초래할 수 있다. 먼저 커피의 경우 의학적으로 신경흥분제에 속한다. 정신적 신체적으로 차분한 상태를 유지시키기보단 심박수, 혈압 등을 상승시켜 안정된 상태의 플레이를 저해시킬 것이다. 또한 커피 및 콜라 등에 함유된 카페인의 강력한 이뇨작용은 수분공급을 원활히 해야 하는 경기시 수분 배출을 필요로 하게 만들 것이다. 경기 중 화장실을 가고 싶은 마음에 놓친 퍼팅과 경기에 대해 이야기 나누거나 들어본 적 있으리라 생각한다. 쉽게 설명하자면 물이나 스포츠 음료를 마시는 것이 부족한 수분공급에 많은 도움이 될 것이다. 당신에게 보다 정확한 수분 섭취량이 얼마나 되어야 하는지를 알아보려면 다음의 계산을 해보면 도움이 될 것이다.

• 당신의 땀의 양

수분섭취를 중요시하게 되는 여름날, 라운딩 전 당신의 체중을 달아보라.
라운딩 후 다시 한 번 체중을 달아보라.

라운딩 전 체중 − 라운딩 후 체중 = ?

계산된 숫자에 라운딩 중 마신 음료의 양을 더하라.
그 숫자를 라운딩에 걸린 시간으로 나누면 당신이 한 시간당 배출해낸 땀과 수분의 양이 나올것이다. 이렇게하면 정확하다. 너무 많이 마시면 뱃속이 부담스러워 스윙에 방해가 되는 경우도 많이 있다.

둘째: 무더위에서의 골프(열사병 방지법)

타이틀리스트 골프피트니스 전문강사들에 따르면, 필 미켈슨, 타이거 우즈, 아담스컷 등 메이저 투어에서 활동하는 프로들은 시즌간 지속되는 투어에서 자신들의 기량을 유지하기 위해 수분섭취와 "뜨거운 날씨"에 적응하기 위한 몇 가지 룰이 있다고 한다. 그 룰들을 알아보겠다.

- 경기 이틀 전(48시간 전)부터 평소보다 많은 물을 섭취하여야 한다.
- 경기중 가능하다면 그늘을 찾아다닌다. 나뭇그늘, 바이저 및 우산 사용. 직사광선을 피함으로써 적은 수분증발과 피로감을 유도할 수 있다.
- 머리와 목 뒷부분을 시원하게 유지하도록 한다. 카트 사용을 한다면 작은 아이스박스를 상비하여 작은 타월을 시원하게 준비하여 이용한다.
- 밝은 색상의 옷: 어두운 계열 색상의 옷은 더 많은 열을 흡수하여 당신의 플레이에 좋지 않은 영향을 줄 것이다.
- "Slow Down and Chill Out": 한낮의 더위를 이겨내기에는 더 많은 칼로리 소비가 요구된다. 자신의 페이스를 유지하기 위해 천천히 여유롭게 경기를 유지하도록 한다.

셋째: 경기력 향상을 위한 기본식단

경기 전 식사는 평균적으로 4시간 이전이 적절한 것이라 보고되고 있다. 이의 근거는 일반적인 식사 후 소화에 소요되는 시간이 3~4시간인 것을 이유로 하고 있다. 당연히 식사 양에 따라 소화에 소요되는 시간은 다를 것이다. 일반적인 식사 후 경기 시작 한 시간 이전에 에너지의 유지 및 보충을 위한 소량의 스낵을 섭취하는 것 역시 잊지 말고 지켜야할 사항이다. 개인의 신체적 특성이 다른 만큼이나 식사 습관이나 특정 음식 혹은 영양분에 대한 개인적인 기호도에는 차이가 있다. 일부 골퍼들은 경기 중 공복감을 줄이기 위해 의도적으로 많은 양의 식사를 하는 반면, 또 어떤 골퍼들은 많은 양의 식사에서 오는 포만감을 피하려 의도적으로 비교적 적은 양의 식사를 하는 선수들도 있는 것으로 알려져 있다. 식사시간의 타이밍만큼 중요한 것 중 하나는 어떠한 영양소를 중점적으로 섭취하여야 하는가 역시 중요한 요소일 것이다. 개인들의 신체적 및 식단에 대한 기호가 너무나 다양한 이유로 특정 음식 혹은 식단을 골프경기에 최상의 것이라 추천하는 것은 무리가 있다고 할 수 있다. 근육형성과 경기 후 회복을 돕는 단백질을 섭취하기에 지방이 다량 함유된 육류의 섭취도 좋은 방법이지만, 요거티, 치즈 등의 유제품 역시 동물성 지방의 함량이 비교적 낮으면서도 효과적인 단백질 섭취를 할 수 있도록 도울 수 있다.

또한 한 홀 한 홀 긴장하며 플레이하는 경기 중에는 당신의 몸은 섭취한 음식들을 서서히 에너지원으로 바꾸어 소화되며 당신이 필요한 신체적, 정신적 활동에 쓰일 것다. 경기 중 당신의 신체적 기량과 정신적 집중력을 유지하는 일에는 많은 에너지를 쓰는 것은 사실이다. 많은 골퍼들이 이렇게 푸념한다. “후반에 조금만 잘 쳤다면.” 만약 당신이 후반 경기에 들어서 급격히 체력저하와 같이 경기력의 영향을 주는 일이 발생한다면 경기 중 어떤 음료와 음식을 섭취하는지에 대해 한번 고려해봐야 할 것이다. 이러한 피로감은 경기 중 무엇을 마시고 섭취하는가에 따라 달라질 수 있다. 경기력의 향상과 유지를 위해 주요시 여겨야 할 사항들은 다음과 같다.

- 적당한 양의 단백질의 섭취
- 근지구력유지에 필요한 글루코겐 저장에 필요한 충분한 탄수화물의 섭취
- 소화시 위에 부담이 되는 동물성 지방의 섭취는 자제하고 위의 부담을 줄여주고 소화를 용이하게 하는 식이성 섬유질의 섭취
- 계란 흰자와 같은 순수 고단백음식물은 공복감에 도움을 준다.
- 언제나 충분한 수분의 섭취
- 경기 한 시간을 남겨놓은 상황에서 권유할 만한 스낵으로는 (1) 견과류와 당분을 포함한 신선한 과일, (2) 파워바, (3) 다양한 종류의 곡류를 포함한 시리얼

APPENDIX 1

부록1

용어해설1

페어웨이: 티 그라운드에서 그린에 이르는 사이에 잔디를 짧게 깍은 지역

벙커: 모래가 있는 장애물. 벙커에는 페어웨이 좌우에 있는 사이드 벙커, 거의 중앙부근까지 나와 있는 크로스 벙커, 그린주변에 있는 그린벙커가 있다.

티: 티잉 그라운드의 줄임말. 각 홀에서 제1타를 치는 장소이다.

러프: 잡초지대를 가리킨다. 그린이나 페어웨이의 양쪽, 그린뒤쪽 등에 긴 잔디가 나있는 정비되지 않는 지역을 말한다.

워터해저드: 코스 내에 있는 호수, 연못, 습지, 강등의 물과 관계 있는 장애물

스루더그린: 골프에서 티잉 그라운드, 그린, 해저드를 제외한 코스 내의 모든 지역을 가리킨다.

그린: 보통을 퍼팅을 하는 장소. 경기규정에서는 플레이하는 홀에서 해저드를 제외하고 20야드 이내의 퍼팅을 하기 위해 정비되어 있는 구역을 말한다.

래터벌 워터 해저드: 페어웨이와 평행하게 있는 워터 해저드를 말한다. 골프 규칙에서는 워터해저드 또는 그 일부로서 홀과 공이 해저드 경계를 마지막으로 넘은 지점과의 선상 후방에 공을 드롭하는 것이 불가능한 수역이라고 규정되어 있다. 보통 붉은색 말뚝으로 표시한다.

파: 각 홀의 기준타수

퍼터: 퍼트용의 아이언 클럽. 그린위에서 직접 핀을 공략하는 클럽

퍼팅: 그린 위의 공을 홀에 넣기 위해 퍼팅 스트로크를 하는 것

스트로크: 골프에서 공을 칠 목적으로 클럽을 휘두르는 동작을 말한다. 공이 맞지 않더라고 칠 의사가 있었다면 스트로크로 간주한다.

디보트: 공을 쳤을 때 잔디가 클럽 헤드에 닿아서 파인 곳

라운드: 골프에서 경기를 하기 위해 코스를 따라 도는 것을 말하며, 18홀은 완전히 도는 것은 원라운드라고 한다.

도그레그: 골프 코스의 홀이 개의 다리처럼 왼쪽 또는 오른쪽으로 굽은 홀

아웃오브 바운드(OB): 코스의 경계를 넘어선 장소 또는 위원회가 그렇게 표시한 코스의 일부를 말한다.

그린속도: 퍼팅 그린의 표면에서 공이 얼마나 빨리 구르고 멈추는 지에 대한 정도.

드라이버 클럽: 우드의 1번 클럽. 공을 제일 멀리 날려 보낼 수 있는 클럽이며 가장 길고 수직에 가까운 로프트 페이스를 가지고 있다.

그립: 클럽을 쥐는 방법을 말한다. 그립에는 오버래핑, 인터로킹, 내추럴 그립 등이 있다.

에임: 목표에 대하여 몸과 클럽 페이스를 맞추는 것

백스윙: 클럽 헤드를 뒤로 들어 올리는 동작.

포워드 스윙: 클럽 헤드가 공을 향해서 내려오는 부분의 스윙 동작

임팩트: 클럽 헤드가 공을 때리는 순간지점

릴리스: 백스윙 때 꺾인 코킹과 회전된 어깨, 허리 열렸던 클럽 페이스가 임팩트 순간에 어드레스 때와 가장 비슷한 모습으로 되돌아가는 것을 말한다.

어드레스: 플레이어가 공을 치기 위하여 발의 위치를 정하고 클럽 헤드를 지면에 놓아둔 채로 있는 상태.

슬라이스: 볼이 오른쪽으로 회전하게 볼의 비행이 오른쪽으로 휘어져 나가는 것을 말

한다.

푸시: 클럽 페이스가 목표 방향에 열려져 나가게 되는 것

훅: 볼이 왼쪽으로 회전하게 되어 볼의 비행이 왼쪽으로 휘어져 나가는 것을 말한다.

풀: 스윙궤도가 아웃사이드에서 인사이드로 될 때 클럽 페이스가 목표 방향보다 닫혔을 때 만들어지는 구질.

세트업: 볼의 위치, 스탠스, 몸의 자세 , 몸무게의 배분, 볼과의 거리등을 준비자세를 말한다.

스탠스: 발을 놓는 위치를 의미하며 스퀘어, 오픈, 클로즈의 세가지 기본 스탠스가 있다.

테이크어웨이: 백스윙 시작에서 클럽 샤프트가 지면과 수평이 되었을 때 목표선과 평행을 유지하는 것이 올바른 테이크어웨이.

폴로스루: 볼을 치고 난 후에 클럽 헤드가 목표를 향해 앞으로 나가는 것

피니시: 스윙 완료의 스윙동작

업라이트: 스윙평면이 수직에 가까운 평면을 업라이트

플랫: 스윙평면이 비스듬히 누어지 평면일 때 플랫

코킹: 골프 스윙에서 왼쪽 손목을 엄지쪽으로 꺾는 동작

타깃라인: 볼을 보내야 할 타깃 지점과 볼을 연결하는 라인을 말함

샤프트: 클럽 헤드와 그립을 연결하는 막대기 부분

어프로치: 티를 제외한 모든 지역에서 그린을 향해 하는 샷

치핑: 어프로치 샷의 일종으로 볼이 공중으로 가는 길이보다 홀까지 구르는 길이가 긴 상태의 샷을 말한다

피칭: 어프로치 샷의 일종으로 볼이 공중으로 떠서 가는 거리가 구르는 거리보다 많은 샷을 말한다.

샌드왜지: 주로 벙커샷에 쓰이는 아이언 클럽

피칭왜지: 피치 샷용으로 만들어진 왜지로서 로프트도 많고 무게도 무겁지만 그린을 공략하는데 중요한 역할을 한다.

클럽헤드: 클럽의 끝, 머리부분

웨글: 스윙의 감각이나 스윙에 탄력을 붙이는 준비 동작을 말한다. 테이크 어웨이를 하기 전에 손목만으로 클럽을 가볍게 흔들어 근육의 긴장을 푸는 효과도 있다.

로브샷: 샌드웨지를 오픈시켜서 볼을 높이 띠운후에 그린에 부드럽게 떨어뜨려 많은 백스핀을 주어서 공이 많이 구르지 않게 하는 샷

업힐라이: 오르막 라이에서의 샷. 왼발이 오른발보다 높은곳에 위치

다운힐 라이: 내리막 라이에서의 샷. 왼발이 오른발보다 낮은곳에 위치

클럽페이스: 클럽헤드가 공을 치는면을 클럽페이스라고 한다.

플라이어라이: 러프에서 공을 보내려는 방향과 풀이 자라난 방향이 같을 때를 플라이어라이라 하고 반대는 공을 보내려는 반대방향으로 자란 쪽으로 놓여있을때는 플라이어라이 아니다라고 말한다.

토핑: 클럽페이스의 아랫부분으로 볼 가운데의 위쪽 부분을 치는 것을 말하며 공이 낮게 가거나 굴러가는 현상이 나타난다.

홀컵: 홀컵은 지름 4.25인치(108 mm)이며 깊이는 최저 4인치(100 m)이상이어야 한다.

타이밍: 스윙의 단계들이 하나의 연결고리가 되어 다음 동작으로 정확히 연결되어지는 것을 골프에서는 타이밍이라고 정의하고 있다.

템포: 템포라 하는 것은 일반적으로 타이밍과 같은 맥락으로 보는 이들이 많지만 실제로는 스윙의 빠름, 느림을 이야기 하는 것이 템포의 정의이기도 하다.

포워드프레스: 백스윙을 시작하기 전에 그립부분을 약간 앞으로 밀어주는 동작

웨지: 바닥이 넓고 편평하게 되어 있는 아이언 클럽. 피칭웨지, 샌드웨지 등이 있다.

에지: 홀, 그린, 벙커 등의 가장자리 또는 끝을 말한다.

라이: 골프에서 착지된 공의 위치 또는 상태

스위트 스폿: 클럽 페이스의 중심점으로 공을 가장 멀리 칠 수 있는 부분.

핸드포워드: 클럽을 잡은 두 손이 볼보다 앞쪽으로 나가 있는 상태

푸시슬라이스: 인사이드 아웃스윙을 하면서도 임팩트 순간에 클럽페이스가 열려서 나는 슬라이스 샷을 말한다.

컷샷: 의도적으로 스윙궤도를 아웃에서 인으로 만들어 볼이 높이 뜨고 왼쪽에서 오른쪽으로 휘어지며 그린에 떨어져 많이 구르지 않는 샷

로프트: 클럽 페이스의 각도 또는 경사

뒤땅(더프): 공을 칠 때 공 뒤의 지면을 때리는 현상

마커: 동전 같은 작고 둥근 물체로 공 뒤에 놓아서 공을 들었을 때 그 위치를 표시하기 위한물건. 또는 스트로크 플레이에서 경기자의 스코어를 기록하기 위해 위원으로부터 선임된 사람을 말한다. 마커는 심판은 아니며, 동반 경기자의 마커의 임무를 하게된다.

스윙면: 스윙을 하면서 클럽 샤프트가 만들어 놓는 면

베이스볼 그립: 오른손새끼와 왼손 검지가 겹쳐지지 않고 다잡는 그립을 베이스볼 그립이라고 한다.

오버래핑 그립: 오른손 새끼손가락으로 왼손 인지와 중지사이에 놓고 쥐는 그립으로서

가장 일반적인 그립이다.

인터로킹 그립: 오른손 새끼손가락과 왼손집게 손가락을 서로 교차해서 쥐는 그립방법

정상적인 그립: 양손이 서로 마주보는 스트레이트 볼을 치기 위한 가장 많이 선호하는 방법.

강한그립: 훅 그립이라고도 할 수 있다. 왼손 손등에 손마디가 3개 정도 보일 수 있도록 왼손을 돌려 잡는 그립으로 오른손은 스퀘어보다 조금 오른쪽으로 돌려지는 그립으로 볼이나 강한 임팩트를 위해 사용하는 그립으로 요즘 많이 사용하는 그립이다.

약한그립: 일종의 슬라이스 그립 이라고도 할 수 있다. 왼손 손등 손마디가 2개 정도 보이면서 오른 손을 왼쪽으로 많이 들려 잡는 약한 그립으로 슬라이스 볼을 구사 할 때 사용 하지만 프로들이나 습관적으로 잡아져 있는 사람들 이외는 잘 사용하지 않는 그

립이다.

스퀘어 스탠스: 양발 끝이 나란히 정렬되어 있는 스탠스를 스퀘어 스탠스(square stance)라고 한다.

클로즈드 스탠스: 오른쪽 발이 뒤편으로 반 보 들어가 있는 스탠스를 클로즈 스탠스(closed stance)라고 한다.

오픈스탠스: 목표 방향에 대해 오른쪽 발끝이 반 보 앞에 나와 있는 스탠스를 오픈 스탠스(open stance)라고 한다.

APPENDIX 2

부록2

용어해설2

ㄱ

갤러리(gallery): 경기를 관전하는 관람객.

고잉 아웃(going out): 일반적으로 생략해서 아웃이라고 한다. 코스 전반의 9홀을 말하며, 클럽하우스로부터 출발해 나가는 방향의 홀을 말한다.

골프코스(golf course): 골프를 하기 위해 만들어진 그라운드. 보통 20~30만평의 넓이를 차지한다. 링크스라고 하는 것은 골프코스와 마찬가지지만, 해안에 있는 시 사이드(sea side)코스를 말한다. 내륙의 코스는 인랜드 (in land)코스라고 한다.

그라파이트(graphite): 탄소실을 사용한 골프 클럽 샤프트.

그랜드 슬램(grand slam): 1년 동안에 골프계의 4대 메이저 타이틀인 마스터즈, 브리티시 오픈, US오픈, US PGA를 모두 석권하는 위업.

그린(green): 보통은 퍼팅을 하는 장소. 경기 규정에서는 플레이 하는 홀에서 해저드를 제외하고 20야드 이내의 퍼팅을 하기 위해 정비되어 있는 구역을 말함.

그린피(green fee): 플레이어가 지불하는 코스의 사용료.

그립(grip): 양손으로 쥐는 클럽 샤프트의 윗부분으로 가죽이나 고무로 감겨져있다. 또 샤프트를 쥐는 동작을 그립이라고도 한다. 그립에는 오버래핑 · 인터로킹 · 내추럴 그립이 있다.

깃대(Flagstick, pin): 멀리서 홀의 위치를 알 수 있도록 눈에 잘 띠는 색의 천을 달아서 홀에 꽂아 놓는 막대.

ㄴ

내츄럴 그립(natural grip): 그립의 한 방법으로 야구배트를 쥐듯이 쥔다. 열 손가락으로 그립하는 것으로 일명 베이스 볼 그립이라고도 한다.

넥(neck): 클럽헤드가 사프트와 연결되는 부분.

노 리턴(no return): 플레이어가 경기를 포기하고 스코어 카드를 제출 하지 않는 행위.

니블릭(niblick): 아이언클럽의 일종으로 9번 아이언을 말함.

ㄷ

다운(down): 지는 것을 말함. 플레이어가 상대방에게 지고 있는 홀 수 또는 스트로크 수. 매치 플레이일경우에는 원 다운 · 투 다운으로세고, 스트로크인 경우에는 원 포인트 다운 · 투 포인트 다운으로 센다.

다운 블로(down blow): 톱 오브 스윙에서 내리친 클럽 헤드의 중심이 최저점에 이르기 전에 볼을 치는 것.

다운힐 라이(downhill lie): 내리받이 경사면에 볼이 정지해 있는 상태

더블 보기(double bogey): 한 홀에서 파보다 2타 많을 경우를 말함.

더블 이글(double eagle): 파5의 홀을 2타로 넣을 때를 말함. 알바트로스와 같다.

더프(duff): 실패한 타격. 타구시 볼 뒤의 지면을 때리는 것.

도그 레그(dog leg): 개의 뒷다리 처럼 굽은 코스. 우(또는 좌)형으로 굽은 코스를 말한다.

드라이버(driver): 최장거리를 치기 위해 클럽에서도 가장 길고 수직에 가까운 로프트의 페이스를 가지고 있으며, 이것으로 볼을 날리는 것을 드라이브 샷이라고 한다.

드라이빙 레인지(driving range): 드라이버에 의한 타구, 또는 200야드 이상이 넘는 연습장.

드로(draw): 무승부가 되다. 샷이 떨어지며 좌로 볼이 흐르는 것.

드롭(drop): 규정에 의해 볼을 주워서 이것을 다른 위치에 떨어뜨리는 것. 그 방법은 홀을 향해서 똑바로 서서 홀에 가깝지 않게 어깨 높이에서 볼을 떨어뜨린다.

드리이빙 아이언(driving iron): 헤드가 무겁고 로프트가 작아서 장타를 칠 때 주로 사용하는 손잡이가 긴 아이언 클럽.

디보트(divot): 볼을 쳤을 때 잔디나 흙이 클럽헤드에 닿아 패어진 곳. 이것을 즉시 묻고 밟아 주는 것이 에티켓이다.

딤플(dimple): 볼의 표면에 원형으로 파여진 홈으로 볼이 뜨는 것에 영향을 미친다.

ㄹ

라운드(round): 코스를 도는 것. 코스를 전부 일주하는 것을 원 라운드라고 하며, 18홀의 절반 9홀을 플레이하는 것을 하프 라운드라 한다.

라이(lie): 낙하된 볼의 위치 또는 상태.

라인(line): 방향을 정하기 위하여 볼과 목표물을 연결하는 선.

라인업(lineup): 퍼팅으로 볼과 볼을 연결하는 선.

래터럴 워터 해저드(lateral water hazard): 홀에 병행해 있는 연못, 물 웅덩이.

러닝 어프로치(running approach): 어프로치 샷의 한 방법으로 비교적 로프트가 적은 아이언으로 볼을 멀리 구르게 해서 홀에 접근 시키는 것.

러프(rough): 그린 및 해저드를 제외한 코스내의 페어웨이 이외의 부분. 풀이나 나무 등이 그대로 있는 지대.

로컬 룰(local rule): 일반 골프규칙에 대해서 각 코스 특수 조건에 의해 설정하는 지역적 규칙.

로프트(loft): 클럽 페이스의 각도 또는 경사.

롤 오버(roll over): 볼을 친 후 클럽을 쥔 양손을 앞으로 돌리는 것.

롱 게임(long game): 원거리 플레이. 숏 게임에 대해서 이렇게 말한다.

롱 아이언(long iron): 보통 1 · 2 · 3번 아이언 클럽을 말함.

리커버리 샷(recovery shot): 만회하기 위한 샷. 나쁜 샷을 만회하기 위해 다음에 잘 치는 샷.

립(lip): 벙커의 경계선. 또 모래위의 바깥에서부터 풀이나 흙이 덮여 있는 부분.

링크스(links): 골퍼 링크스의 생략으로 보통은 골프코스를 의미하지만 본래는 시 사이드(sea side course)를 말한다.

ㅁ

마샬(marshal): 경기 위원회로부터 임명된 장내 정리인.

마커(maker): 스트로크 플레이에서 경기자의 스코어를 기록하도록 위원회가 임명한 사람을 말한다. 볼을 집어 올리기 전에 볼 위치를 표시하기 위하여 동전, 티 혹은 특별히 만든 물건을 볼 마커라고 한다.

매시(mashie): 아이언 클럽 중 5번에 해당하는 로프트를 가진 것을 말함. 스페이드 매시라든지 매시 니블릭이란 것은 매시보다 조금씩 로프트가 많은 것으로 6번 또는 7번에 상당하는 것임.

매시 니블릭(mashie niblick): 8번(또는 7번) 아이언을 말함.

매치 플레이(match play): 각 홀마다 승패를 결정하는 경기 방식의 하나.

메달 플레이 (medal play): 정식으로는 스트로크 플레이라고 한다. 규정된 홀의 라인드에서 플레이어의 타수를 각기 합계해서 가장 적은 타수의 플레이어가 우승하는 경기.

멘탈 해저드(mental hazard): 심리적인 장해물. 아무리 해도 빠져나가기 힘든 벙커등에서의 노이로제처럼 그곳에 오면 잘되지 않는 것을 말함.

미디엄 아이언(medium iron): 아이언의 4 · 5 · 6번. 미들 아이언이라고도 한다.

믹스드 포섬(mixed foursome): 남녀 혼합의 양 사이드로 시합하는 플레이. 투 볼 포섬과 같지만 짝은 반드시 남녀이어야 함.

ㅂ

바든 그립(bardon grip): 해리 바든에 의해 창안된 그립으로 오버래핑 그립을 말함. V자 그립이라고도 한다.

바이트(bite): 볼에 백 스핀이 먹어 멈추는 현상.

백 스핀(back spin): 볼의 역회전. 언더 스핀이라고도 한다. 로프트가 있는 클럽으로 올바르게 친 볼은 백스핀으로 나간다.

백 티(back tee): 티잉 그라운드에는 프론트 티, 미들 티와 백 티 및 레이디스 티 등이 있다. 코스의 정규 거리는 백 티로부터 계산하며, 프론트 티보다 5~30cm 뒤쪽이다.

백스윙(back swing): 클럽을 후방으로 들어올리는 동작. 옳은 백 스윙은 좋은 샷의 원동력이 된다.

버디(birdie): 파보다 하나 적은 타수로 홀 인 하는 것.

버피(buffy): 우드 클럽의 4번. 스푼보다 헤드가 조금 작고, 또 로프트는 크다. 보통 로프트 74, 길이 41~41"1/2, 무게 14온스가 기준이다.

벙커(bunker): 장해물의 일종. 경기규정에서는 벙커는 그 주위보다도 깊거나 표면의 흙을 노출시키고 또는 모래를 깔아 놓도록 되어 있다. 벙커에는 페어웨이의 좌우에 있는 사이드 벙커, 거의 중앙 부근까지 나와있는 크로스 벙커, 그린 주변에 있는 그린 벙커가 있다.

벙커 샷(bunker shot): 벙커안에 떨어진 볼을 그린 또는 페어웨이로 쳐내는 타법. 벙커 샷일 때에는 클럽을 모래에 솔(sole)해서는 안된다.

베스트 볼 (best ball): 보통은 최소의 타수의 볼을 베스트 볼이라고 한다. 경기에서는 1인이 2인 이상의 사이드와 대항해서 상대방 사이드의 각 홀의 최소 타수를 얻은 사람과 대항하는 것을 베스트 볼 매치라고 한다.

베어 그라운드(bare ground): 맨땅. 잔디나 풀이 나지 않는 곳으로, 흙이 드러나 있는 곳.

벤트 그라스(bent grass): 퍼팅 그린에 쓰이고 있는 상록의 서양 잔디의 일종. 여름에 약한 것이 흠. 종류가 30종 이상이나 되며, 미국에서는 버뮤다 그라스라고 해서 비교적 여름에 강한 것을 사용하는 곳도 있다.

보기(bogey): 파보다 하나 더 친 타수로 홀인 하는 것을 말한다.

볼(ball): 공. 사이즈는 지름이 1.68인치보다 작지 않고 무게는 1.62온스보다 무겁지 않는 것.

분실구(lost ball): 경기 도중 잃어버린 볼.

브래시(brassie): 우드의 2번 클럽. 드라이버보다도 1인치쯤 짧고, 조금 무거우며, 로프트도 많다.

브이 셰이프(V shape): 그립할 때에 집게손가락과 엄지손가락으로 만드는 V자형.

블라스트(blast): 벙커에서 모래를 폭발시키듯 크게 치는 것으로 익스플로션(explision) 샷과 같다.

블라인드 (blind): 경기에서는 다른 조에 있는 사람과 스코어의 결과만으로 승부를 겨루는 경우를 말하고 코스에서는 지형의 기복. 숲 등으로 타구의 목표점이 보이지 않을 경우를 말한다

블라인드 홀(blind hole): 티잉 그라운드에서 그린이 보이지 않는 홀.

블로(blow): 강타. 힘을 넣어 치는 것.

비스크(bisk): 핸디캡 홀을 스스로 선택할 경우에 이것을 비스크라 한다. 아랫수인 사람에게 유리한 것임.

ㅅ

사이드(side): 각 조의 상대편을 서로 사이드라고 말하며 같은 사이드에서 한편이 된 플레이어를 파트너(partner)라고 말한다.

사이드 벙커(side bunker): 페어웨이의 옆에 있는 벙커

사이드 블로(side blow): 볼 옆을 쳐서 튀겨 보내듯이 치는것.

사이드 스핀 (side spin): 볼이 옆으로 회전하는 것.

사이드힐 라이(sidehill lie): 볼이 날아가는 선과 평행한 사면에 떨어진 볼의 위치.

샌드웨지(send wedge): 주로 벙커 샷에 쓰이는 아이언 클럽.

생크(shank): 샷을 할 때에 볼이 클럽 샤프트의 뒷부부에 맞는 것으로 실패 타의 하나.

샤프트(shaft): 클럽의 자루를 말한다. 현재는 거의 스틸이나 합금의 사프트며 강도도 몇 개의 단계가 있다

샷(shot): 클럽으로 볼을 치는것.

샷건(shot gun): 전 홀에서 동시에 출발하는 경기 방식.

서든데스(sudden death): 우승자를 결정하기 위한 연장전의 한 방법으로 한 홀에서 골퍼들 중 스코어가 가장 낮은 플레이어가 나올 때까지 한 홀씩 계속 플레이하는 방법.

서킷(circuit): 순회경기.

세트(set): 클럽 일체, 또는 경기가 끝난 것을 말한다. 풀 세트는 우드 4개, 아이언 2~9번, 여기에 퍼터를 더한 것을 말하고, 하프 세트는 우드가 2개, 아이언이 3,5,7,9번, 여기에 퍼터를 더한 것을 일반적으로 말한다.

소켓 (socket): 샤프트와 클럽헤드가 연결되는 부분을 말한다.

솔(sole): 클럽헤드에서 지면에 닿는 부분. 솔한다는 것은 그 부분을 지면에 꽉 붙이는 것을 말한다. 벙커에서는 솔해서는 안된다.

쇼트 게임(short game): 어프로치에 속하는 단거리 플레이 방법. 6번 이하의 아이언 클럽을 사용한다.

쇼트 아이언(short iron): 7 · 8 · 9번의 짧은 아이언 클럽의 총칭.

쇼트 어프로치(short approach): 가까운 거리의 어프로치.

쇼트 커트(short cut): 홀 순위를 무시하고 가까이 있는 다른 홀로 옮기는 것을 말한다. 복잡한 코스에서는 허용되지 않는다.

쇼트 홀(short hole): 거리가 짧은 홀. 250야드 이하, 정확한 표현은 파 3홀이다.

수리지 (ground under repair, GUR): 공사 중이거나 개선을 위하여 수리하고 있기 때문 에 비정상적인 플레이 조건이 있다는 수리지로 표시한 지역을 말한다. 수리지에서 방해를 받는 경우 규칙에 의한 구제를 받을 수 있다.

스냅(snap): 볼을 치는 순간에 손목에 힘을 세게 주어 탄력을 가지게 하는 것을 말한다. 또, 손목의 탄력을 말할 때도 쓴다.

스루 더 그린(through the green): 티잉 그라운드. 해저드 및 그린을 제외한 코스내의 모든 지역을 말함.

스리 볼 매치(three ball match):

a) 3인1조로 각기 매치 플레이로 함과 동시에 베스트볼의 특징을 첨가한다.

b) 3인의 플레이어가 각자의 볼로 서로 대항해서 플레이 하는 매치 플레이.

스리섬(threesome): 1사람이 2사람에 대항하여 플레이하며 각 사이드는 1개의 볼로 플레이하되 각 홀의 플레이중 교대로 플레이 한다.

스웨이(sway): 스윙할 때 몸의 중심을 좌우로 흔드는 동작.

스위트 스폿(sweet spot): 클럽페이스에서 볼을 쳐야 하는 중심선을 말한다. 스위트 스폿이란 보조개란 뜻. 퍼터에서는 이 부분에 도장이 찍혀 있는 것이 보통이다.

스위프 오프 (sweep off): 클럽헤드의 원심력을 이용하여 쓸어 내듯이 볼을 치는 것.

스윙 밸런스 (swing balance): 클럽의 좋고 나쁜 것은 이 밸런스의 좋고 나쁜에 관계가 있다. 밸런스의 좋고 나쁨은 클럽의 좋고 나쁨을 결정하는 중요한 점이다.

스윙 스루(swing through): 클럽을 중도에서 멈추지 않고 끝까지 완전히 흔들어 치는 것.

스윙 웨이트(swing weight): 스윙할 때에 느끼는 클럽의 무게.

스카프(scuff): 바로 돌 뒤의 땅을 치는것.

스커치 포섬(scotch foursome): 4인이 각기 독립해서 각자의 볼을 가지고 승패를 결정하는 것으로 이것을 베스트 볼 포섬이라고 한다.

스코어 카드(score card): 자신과 동반 경기자의 스코어를 기록할 수 있고 거리와 로콜 룰을 참조할 수 있도록 만든 기록지.

스쿠프(scoop): 아이언 클럽으로 볼을 높이 떨어내듯이 처올리는 것.

스퀘어 스탠스(square stance): 스탠스의 기본이 되는 세가지 중의 하나로 양쪽발 끝나고 비구선과 평행이 되도록 발의 위치를 정하는것 .

스크래치 플레이어(scratch player): 핸디캡이 0인 플레이어.

스타이미(stymie): 퍼트 선상에서 홀과 플레이할 볼 중간에 다른 볼이 있어서 방해가 되는 상태.

스탠스 (stance): 프레이어가 스트로크하기위하여 발의 위치를 정하고 선 자세.

스테디 플레이어(steady player): 안정되고 기복 및 변화가 적은 플레이어를 말한다.

스트로크 플레이(stroke play): 정해진 홀수를 플레이해서 각 활의 타수를 합계한 것. 또는 그 총 타수에서 핸디캡이 있는 경우에는 그 수를 제하고 그 수를 비교해서 수가 가장 적은 사람이 승자가 되는 게임. 메달 플레이라고도 한다.

스티프(stiff): 경직된 자세. 또, 단단한 클럽 사프트를 스티프 샤프트라고 한다.

스페이드 매시(spade mashie): 아이언 클럽의 일종으로 6번 아이언 클럽을 말한다.

스푼(spoon): 우드 3번 클럽.

슬라이스(slice): 우타자인 경우 볼이 비구선보다 오른쪼으로 곡선을 그리며 나는 것. 이것은 친 볼이 왼쪽에서 오른쪽으로 스핀해서 전체적으로 오른쪽으로 굽기 때문에 생긴다.

슬로 백(slow back): 여유있게 서서히 클럽을 들어 올리는 것.

싱글(single): 경기에서 2인이 라운드 하는 것. 핸디캡이 9이하 1까지의 사람을 가르키는 경우도 있다.

ㅇ

아웃 (out): 18홀이 전반, 1번부터 9번까지의 홀을 말함. 아웃 코스라고도 하며, 이는 고잉 아웃 (going out)의 생략임.

아웃사이드 인(outside in): 타구시 클럽 헤드가 볼이 날아가는 선의 바깥 쪽으로부터 안쪽으로 비스듬하게 들어가는 것을 말함. 인사이드 아웃의 반대말.

아이언 플레이 (iron play): 아이언 클럽을 사용해서 플레이 하는 것.

알바트로스(albatross): 파보다 3타 적은 수로 홀인하는 경우. 가령 5 파의 홀을 2타로 넣었을 경우가 이에 해당한다.

애버리지 골퍼(average golfer): 중간 정도의 기술을 가진 일반 골퍼. 예를 들면, 핸디캡이 18~15정도의 사람. 1라운드를 대체로 95전후로 마치는 사람으로 가장 많은 사람들이 이에 속한다.

야디지 레이팅(yardage rating): 각 홀의 길이의 비율.

어드레스(address): 플레이어가 볼을 치기 위하여 발의 위치를 정하고 클럽 헤드를 지면에 놓아 둔 채로 있는 상태. 보통은 볼에 클럽 페이스를 가까이 겨누는 것을 말함.

어센딩 샷(ascending shot = blow): 스윙 호 (궤도)의 최정점을 지난 지점에서 볼을 맞히는 타법.

어테스트(attest): 증명. 경기의 경우에는 상대방의 스코어 카드가 틀리지 않았는지를 확인 하는 일.

어프로치 퍼트(approach putt): 볼을 핀(표지 또는 깃대)에 가까이 가도록 하는 롱 퍼트.

어프로치 플레이(approach play): 홀의 가까운 곳에서 하는 플레이로서, 가까이서 치는 묘기. 어프로치 샷을 말함. 이에는 칩(chip) · 피치(pitch) · 러닝(running) · 어프로치 등이 있다.

언더 스핀(under spin): 볼의 역회전. 백 스핀과 같음.

언더 파(under par): 파(par)보다 적은 타수. 즉, 규정된 파보다 적은 타수로 홀인 시키는 것을 말함. 1언터 파는 버디, 2언더 파는 이글, 3언더 파는 알바트로스라 한다.

언듈레이션(undulation): 코스내의 고저 기복을 말함.

언콕(uncock): 스윙 할때 콕(굽게)한 손목을 펴서 원상태로 돌아가게 하는 것.

언플레이어블 라이(unplayable lie): 볼이 치기 불가능한 지역에 들어간 경우나, 플레이를 하기 힘든 상태에 놓였을 때의 볼의 위치를 말한다.

업(up): 홀 수 또는 이긴 횟수가 상대보다 많을 때에 원 업, 투 업 등으로 부른다. 이기거나 우위가 되었을 때를 말함.

업 투 고(up to go): 매치플레이의 성적을 말할 때 씀. 5up에서 승패가 걸렸을 때 뒤에 3홀이 남아 있는 경우, 5up 3 to go 라고 한다.

업라이트 라이(upright lie): 클럽 샷이 평면에 대해서 거의 수직에 가까운 상태.

업라이트 스윙(upright swing): 스윙이 활 모양으로 직립되어 있는 것과 같은 스윙을 말한다. 플랫 스윙에 반대되는 말이다.

업라이트 힐(upright hill): 올라가는 비탈이 급경사인 곳.

업힐 라이(uphill lie): 업힐에 볼이 정지되어 있는 상태를 말한다.

에이스(ace): 한 번의 스트로크로 그 홀을 끝마치는 경우. 홀인원.

에이지 슛(age shoot): 1라운드에서 자신의 나이와 같거나 그 이하의 스코어로 플레이하는 경우.

에지(edge): 홀 · 그린 · 벙커등의 가장자리, 또는 끝을 말한다. 아이언의 에지라 하면 아이언의 가장자리.

엑스트라 홀(extra hole): 규정된 홀로써 승패가 결정되지 못해서 연장전을 할때 쓰이는 홀을 말함.

오너(honer): 티잉 그라운드에서 먼저 티 샷을 하는 플레이어. 1번 티에서는 대개 제비뽑기로 정한다. 그 후는 앞 홀에서 타수가 적은 사람이 다음 티의 오너가 된다.

오버(over): 볼이 목표한 그린 또는 홀을 넘어서 멀리 떨어지는것. 또는 타수가 파보다 많은 것. 후자일때는 몇 오버 파라고 한다. 원 오버했다고 하면 하나 더 많다는 뜻으로 미국에서는 이를 보기(bogey)라고도 한다.

오버 스핀(over spin): 볼이 날아가는 방향과 같은 방향으로 회전하는 것.

오버래핑 그립(overlaping grip): 가장 흔한 그립 방법으로 오른쪽 새끼 손가락을 왼손 집게 손가락 관절 위에 갈퀴와 같이 끌어잡는 방법으로 영국의 바든이 고안해서 보급시켰으므로 바든그립이라고도 한다.

오비(ob): 아웃 오브 바운스 (out of bounds)의 약자. 코스 주위에 말뚝을 박거나 목책 또는 울타리를 쳐 놓은 곳으로 플레이 할 수 없는 구역을 말한다.

오픈 게임(open game): 아마와 프로가 한꺼번에 라운드를 해서 기술을 다투는 것.

오픈 스탠스(open stance): 세가지 기본 스탠스 중 하나로 왼발을 조금 열고 목표를 향해 취하는 발의 자세.

오픈 챔피언쉽(open championship): 프로 · 아마 누구든 일정한 출전자격이 있는 사람이면 참가할 수 있는 선수권 경기.

오픈 토너먼트(open toirnament): 지역적으로 열리는 오픈 경기.

오픈 페이스(open face): 클럽 페이스를 수직보다 조금 벌어진 기분으로 놔 두는 것. 따라서 톱 오브 스윙일 때에는 클럽 페이스가 하늘을 향해 있다.

온(on): 볼이 그린 위에 올라간 것.

온 그린(on green): 볼이 그린에 이르는 것. 원 온 더 그린(one on the green)은 한번의 티 샷이 온 그린하는 것. 뒤의 그룹이 원 온을 했다면 박수를 보내는 것이 에티켓으로 되어 있다.

올 스퀘어(all square): 승패가 나지 않은 무승부 동점이란 뜻.

와인드업(windup): 백스윙과 함께 신체를 비트는 것. 완전한 와인드업을 하는 데는 허리회전을 충분히 하지 않으면 안된다.

왜글(waggle): 클럽에 탄력을 붙이는 동작. 백스윙을 하기 전에 손목만으로 클럽을 가볍게 흔드는 예비 동작. 근육의 동작을 풀기 위한 운동.

우든 클럽(wooden club): 클럽 헤드가 나무로 만들어진 총칭. 약해서 우드라고도 함. 1번부터 8번까지 있다. 1번은 드라이버(driver), 2번은 브래시(brassie) 3번은 스푼(spoon), 4번은 버피(buffy), 5번은 클릭(cleek) 등으로 부르기도 한다.

워터 해저드(water hazard): 코스내에 있는 호수 · 연못 · 습지 · 강 따위의 물과 관계있는 장애물을 가리켜 부르는 말.

원 샷 홀(oen shot hole): 티에서 1타로 공을 그린 위에 올려 놓을 수 있는 거리의 홀을 가리킴. 250야드까지의 파 3의 홀이다.

원 온(one on): 1타로 볼을 그린에 올려 놓은 것.

웨이트 시프트(weight shift): 스윙의 과정에 있어서 체중의 이동의 상태를 말한다.

웨지(wedge): 바닥이 넓고 편편하게 되어 있는 아이언 클럽을 말함. 피칭웨지, 샌드웨지 등이 있다.

위닝 샷(winning shot): 승리를 결정하는 타구를 말한다.

이글(eagle): 파보다 2개 적은 타수로 홀 인하는 것.

이미지너리 라인(imaginary line): 볼에서 홀에 이르는 선을 그린 위에 상정하는 것으로 그 선상에 볼을 치는 것처럼 한다.

이븐(even): 스트로크 수가 같을 때, 또는 승패가 서로 우열을 가리기 어려울 때를 말함. 이븐 파라 하면 파와 같은 수인 것.

익스플로션 샷(explosion shot): 볼이 벙커에 떨어졌을 때 모래와 함께 쳐내어 그 압력으로 볼을 모래와 함께 벙커로부터 탈출시키는 샷.

인(in): 커밍 인(comming in)의 약칭. 18홀 중 후반의 10번부터 18번까지의 9홀을 말함. 이것은 출발지점을 향해 돌아오도록 되어 있기 때문이다.

인 바운드(in bound): 플레이가 가능한 구역. 플레이 금지 구역(ob)의 경계선은 보통 흰색으로 표시되어 있다.

인 코스(in course): 후반 9홀을 말함.

인 플레이(in play): 플레이어가 티에서 볼을 최초로 스트로크 하기 시작해서 홀에 넣을 때까지의 볼의 상태를 말함.

인사이드 아웃(inside out): 클럽 헤드를 볼의 비행선 안쪽으로보터 볼에 닿도록 바깥쪽으로 스윙해서 쳐내는 것을 말함.

인터로킹 그립(interlocking grip): 그립의 한 방법. 오른쪽 새끼손가락과 왼손 검지 손가락을 얽어 쥐는 방식으로 손이 작은 사람이나 비교적 힘이 약한 사람에게 적합한 그립이다.

임팩트 (impact): 클럽 헤드를 볼에 타격, 접촉하는 것

ㅈ

잠정구(provisional ball): 볼이 워터 해저드 밖에서 분실되었을 염려가 있거나 OB가 되었을 염려가 있을 때 규칙에 의하여 최초의 볼 이외에 플레이하는 볼을 말한다.

장해물(obstruction): 원활한 플레이에 장애를 줄 수 있는 코스 내의 모든 인공물로써 방애를 받는 경우 규칙에 의하여 구제를 받을 수 있다. 움직일 수 있는 장애물과 움직일 수 없는 장해물이 있다.

저크(jerk): 타이밍 · 리듬이 맞지 않을 때 급격한 스윙으로 클럽헤드를 휘두름으로써 볼이 올바른 궤도에서 벗어나는 것.

정규 라운드(stipulated round): 홀 순서에 따라서 18홀을 플레이하는 것을 말한다.

지거(jigger): 러닝 샷용의 클럽으로 어프로치에 쓰이는 아이언의 일종.

ㅊ

챔피언 코스(champion course): 공식 선수권 경기를 할 수 있는 정규의 설비를 갖춘 코스로, 홀 수는 18, 전장은 6,500야드 이상으로 규정 되어 있다.

칩 샷(chip shot): 어프로치 샷의 일종으로 극히 단거리에서 핀(깃대)을 향해 치는 샷이다. 칩 샷으로 홀인하면 이것은 칩 인이다.

칩 인(chip in): 칩 샷으로 볼이 홀에 들어가는 것.

ㅋ

캐리(carry): 볼이 공중을 나는 거리를 말한다.

캐리 오버(carry over): 경기가 규정된 홀 수에서 승부가 나지 않아 다시 하는 것을 말함. 또, 1홀에서 동점일 때에 승패를 다음 홀에서 정하는 것을 말함.

캐주얼 워터(casual water): 코스 내에 우연히 생긴 일시적인 습지. 워터 해저드(water haxard)와는 구별 된다.

커밍 인(coming in): 코스 후반의 9홀을 말한다. 인 (in)과 같음. 클럽하우스를 향해 돌아오도록 설계되어 있다.

커트(cut): 볼을 비스듬하게 끊는 듯한 타법을 커트 샷이라고 하며, 자기 코스로 친 볼이 다른 코스로 가는 것을 쇼트 커트라고 한다.

커트 업(cut up): 볼을 높이 때리는 것.

컨시드(concede): 매치 플레이 때 ,상대방이 볼을 원 퍼트로 넣을 수 있다고 생각 되는 경우 홀 아웃하기전 에 'ok' 라고 말해서 홀을 주는 것. 스트로크 플레이에서는 허용 되지 않는다.

컨트리 클럽(country club): 대부분의 멤버쉽 골프장에 이 명칭을 붙인다.

코스(course): 골프 코스의 생략. 골프 플레이를 위해 만든 지역 전체를 말한다. 코스에는 퍼블릭 코스(public course), 컨트리 클럽 멤버쉽 코스 (country club membership course), 리조트 코스(resort course), 세미퍼블릭 코스(semipublic course) 등이 있다.

코스 레코드(course record): 각 코스에서 공식으로 인정한 최저 스코어의 기록.

콕(cock): 손목의 꺽임. 중요한 포인트의 하나이다.

쿼터 스윙(quarter swing): 백스윙을 풀 스윙의 1/4 정도로 하는것.

크로스 벙커(cross bunker): 페어웨이를 옆으로 비스듬하게 끊어 만든 벙커. 운이 나쁘면 이 지역에 볼이 들어가는 일이 있다.

크로스 윈드(cross wind): 앞에서 부는 바람. 횡풍 때 사이드 코스에 흔하다.

클러즈드 스탠스(closed stance): 기본 스탠스의 하나로 볼의 비행선과 평해한 가정성에서 오른발을 약간 뒤쪽으로 끌어 딛고 서는 스탠스.

클럽(club): 골프 용구로, 볼을 치는 데 쓰는 채 또한 구락부를 말한다. 골프 용구일 경우 14개 이상의 클럽을 가지고 라운드하는 것은 허용되지 않는다. 클럽의 강도는 보통 5가지로 나누며 X · S · R(M) · A · l의 약자로 나타내고 있다. X는 Extra의 약어로 스티프가 특별히 강한 것으로 강타자용으로 만든 것이며, S는 sitff로 일반 강타자용, R(M)은 Regular(medium)로 보통의 경도를 가진 것으로 가장 일반적인 것. A는 Flexible로 노인, L은 Ladies로 여성용의 것으로 만든 것이다.

클럽 페이스(club face): 클럽 헤드의 볼을 치는 면. 타구면.

클럽 헤드(club head): 클럽의 끝, 머리부분.

클레임(claim): 상대방이 반칙을 범한 경우에 하는 항의

ㅌ

타이(tie): 동점. 경기에서는 최소 타수의 사람이 2인 이상 있을 때 이것을 타이라 한다.

터프(turf): 잔디란 뜻. 볼이 놓여 있는 뒤쪽 땅을 치는 것.

턴 오버(turn over): 클럽을 쥔 양손을 왼쪽에서 오른쪽으로 돌릴 때, 양손을 턴 오버 시켰다고 한다.

테이크 어웨이(take away): 클럽을 뒤로 빼는 시작 동작.

토우(toe): 발끝. 클럽으로 말하면 클럽 헤드의 끝.

톱(top): 볼의 상부를 치는 것. 또한 제 1위도 톱이라고 한다. 백 스윙의 정점. 헤드업을 하면 흔히 이 톱이 된다.

톱 오브 스윙(top of swing): 백 스윙의 최정점. 여기서 일순간의 포스(휴식)가 지연히 생긴 후 다운 스윙으로 들어간다.

투 고(to go): 홀 매치의 경우, 플레이가 끝나지 않은 홀 수를 세는 데 쓰인다.

트랩(trap): 벙커. 미국에서는 벙커를 트랩이라 한다.

트러블 샷(trouble shot): 곤란한 타구. 치기 나쁜 러프에서 치는 것.

티(tee): 티잉 그라운드의 줄임말. 각 홀에서 제 1타를 치는 장소. 또 볼을 올려 놓고 치는 좌대도 티라고 한다. 티잉 그라운드는 흙을 높이 쌓고 그 위에 부드러운 잔디를 심어서 평탄하게 만들어져 있다.

티 마커(tee-marker): 티잉 그라운드 위에서 그 구역을 표시하기 위하여 양측에 설치한 인공 표지.

티 샷(tee shot): 티에서 볼을 치는 것.

티 업(tee up): 볼을 치기 위하여 티에 볼을 놓는 것. 티잉이라고도 한다.

티 오프(tee off): 첫 홀에서 볼을 처음으로 스트로크 하는 행위로 플레이를 시작한다는 뜻이다.

티잉 그라운드(teeing ground): 2개의 티 마커 바깥쪽 한계로 전면과 측면이 한정되며 측면의 길이가 2클럽 길이인 직사각형으로 된 플레이 할 출발 장소를 말한다.

ㅍ

파(par): 각 홀에 정해진 기준 타수.

팔로 스루(follow through): 타구 후 클럽 헤드의 움직임을 중단하지 않고 비구선을 따라서 계속 스윙하는 것.

팔로 윈드(follow wind): 볼이 날아가는 방향으로 부는 바람. 이 바람이 불 때에는 천천히 테이크 어웨이해서 바람을 충분히 이용해야 한다.

팜 그립(palm grip): 샤프트를 손바닥으로 쥐는 그립. 야구에서 배트를 쥐는 것과 같이 양손의 손바닥으로 쥐는 방식으로 내추럴 그립과 같다.

패스(pass): 통과. 앞 그룹이 뒤에 오는 그룹을 통과 시키는 것. 가령 볼이 벙커 등에 들어가서 잘 나오지 않아 시간이 걸릴 때, 또는 앞 그룹과의 간격이 1홀 이상일 때 에는 뒤 그룹을 앞으로 통과 시키는 것이 에티켓으로 되어 있다.

패스트 그린(fast green): 볼의 미끄러짐이 빠른 그린.

퍼터(putter): 퍼트(put)용의 아이언 클럽. 그린 위에서 직접 핀을 공격하는 클럽으로, T · D · L형의 3종이 있다. L형 퍼트는 클럽 헤드의 모양이 L형인 것이고, D형은 주먹형, T형은 페이스의 방향을 정하기 쉽게 만든 것이다.

퍼트(putt): 그린위에서 퍼터(putter)로 서서 볼을 홀에 쳐넣는 동작.

퍼팅 라인(putting line): 그린 위의 볼과 홀 사이의 선.

페널티(penalty): 게임에서 벌, 벌타, 벌칙을 말한다.

페이드(fade): 볼이 떨어지기 직전에 속도가 둔해지면서 오른쪽으로 커브하는것.

포대 그린: 페어웨이보다 더 높은 곳에 위치한 퍼팅 그린을 말한다.

포섬(foursome): 2인이 다른 2인에 대항해서 양 사이드가 각기 1개의 볼으로 플레이하는 매치플레이의 일종.

포어 캐디(fore caddie): 타구할 목표가 보이지 않는 경우에 방향을 정하기 위해 전방에 세우거나 또는 로스트 볼을 내기 쉬운 곳에 세워 볼을 행방을 확인시키도록 하는 캐디.

포워드 프레싱(forward pressing): 백 스윙을 하기 전에 탄력을 얻기 위하여 하는 예비 동작.

포틴 클럽 룰(14 club rule): 게임에서 14개 이내의 클럽만을 갖고 쓸 수 있게 한 현행의 규칙.

푸시(push): 목표보다 오른쪽으로 쳐내는 것.

푸시 샷(push shot): 다운 블로로 볼을 낮게 뜨게 치는 방법. 아이언에 의한 타법의 일종으로 역풍에 효과가 있다.

풀(pull): 오른손잡이의 경우 목표보다 왼쪽으로 쳐내는 것.

풋 액션(foot action): 스윙을 행하기 위한 발의 움직임. 풋 워크라고도 한다.

프라이드 에그(fried egg): 벙커 안에 빠진 볼이 모래에 반쯤 묻힌 상태.

프론트 티(front tee): 백 티에 대해서 전방에 있는 티. 또, 보통 플레이어와 여성이 경기를 행하는 티.

플랜지 솔(flange sole): 아이언 클럽의 솔이 둥글고 두터운 면을 하고 있는 것.

플랫(flat): 클럽의 샤프트와 지면이 만드는 각도가 적은 것. 또, 지면이 평탄한 것도 플랫이라 한다.

플랫 스윙(flat swing): 수평에 가까운 스윙. 반대는 업라이트 스윙. 대체로 키가 작은 사람은 플랫 스윙을 잘하고 키가 큰 사람은 업라이트 스윙을 한다.

플러스 플레이어(plus player): 핸디캡이 0보다 위인 플레이어. 플러스 1이라든가 플러스 2의 플레이어라고 말한다.

플루크(fluke): 우연히 맞는 것. 예기치 않았던 행운의 샷 등을 말한다.

피니시(finish): 타구 완료의 자세 또는 경기에서 최후의 홀을 끝내는 것.

피봇(pivot): 허리의 회전, 비티는 것.

피치 샷(pitch shot): 어프로치 샷의 일종으로 아이언으로 볼에 백 스핀을 가해 높이 쳐올려서 목표지점에 낙하한 후 볼이 거의 구르지 않고 정지하도록 치는 타법.

피치 앤드 런(pitch and run): 볼이 낙하 후에 구르도록 치는 타법으로 어프로치 샷의 일종.

피칭 웨지(pitching wedge): 피치 샷용으로 만들어진 웨지로 로프트도 많고 무게도 무거우나 그린을 공격하는 데 가장 중요한 역할을 한다.

픽 앤 셔블(pick and shovel): 웅덩이에 들어간 볼을 쳐 올려서 위기를 탈출시키는 방법.

픽 업(pick up): 볼을 주어 올리는 것. 다만, 스트로크 경기라면 경기를 포기하는 것이 되므로 절대 경솔히 해서는 안된다. 매치 플레이에서는 경우에 따라 인정해 준다.

핑거 그립(finger grip): 양손 손가락으로 클럽을 감아 쥐는 방법.

ㅎ

하프 샷(half shot): 풀 스윙의 반 정도의 힘으로 치는 샷. 거리에 따라 백 스윙을 줄여서 타구 하는 것을 말한다.

해저드(hazard): 벙커나 바다 · 못 · 연못 · 개울 등 워터 해저드를 포함한 장해물. 래터럴 워터 해저드란 홀에 병행해 있는 워터 해저드를 말함. 벙커의 주변, 벙커 안의 풀이 자란 곳 등은 해저드가 아님.

핸드 다운(hand down): 어드레스할 때 두 손으로 누르는 듯한 자세.

핸디캡(gandicap): 기술을 균형잡도록 하기 위해 정하는 그 사람의 능력 · 역량 · 기량과 코스의 기준 타수와의 평균 차. 핸디캡을 정하는데는 대개 1개월간 3~5장의 스코어 카드를 핸디캡 위원에게 제출하면, 위원이 이것을 결정한다.

행잉 라이(hanging lie): 아래로 기울어진 경사면에 볼이 있는 것.

헤드 스틸(head still): 스윙을 행할 때 머리의 위치를 움직이지 않는 것.

헤드 업(head up): 볼을 친 순간 머리가 올라가는 것을 말함

홀(hole): 그린에 만들어진 볼을 넣는 구멍. 지름 4.24인치, 깊이 4인치가 되지 않으면 안된다. 주로 철제로 바닥 중앙에 핀을 세울 구멍이 뚫어져 있다. 지면보다 적어도 1인치 이상 남겨놓고 묻어야 한다.

홀 매치(hole match): 각 홀마다 승부를 정하는 경기로 공식적으로는 매치 플레이.

홀 아웃(hole out): 한 홀의 플레이가 끝나는 것.

홀 인원(hole in oen): 티잉 그라운드에서 1타로 볼이 홀에 들어가는 것.

홈(home): 18번 홀의 그린을 말한다.

홈코스(home course): 자기가 속한 클럽의 골프 코스.

훅(hook): 오른손잡이인 경우, 타구가 왼쪽으로 날아가는 것.

휘피(whippy): 클럽 샤프트가 잘 휘는 것.

히팅 에어리어(hitting area): 다운 스윙으로 볼을 맞추는 위치. 히팅 존이라고도 한다.

힐(heel): 플레이어의 발꿈치 또는 클럽헤드의 뒷부분을 가리킨다.

APPENDIX 3

부록3

상황별 대처방법

Teeing Ground에서 발생하기 쉬운 상황

예문	벌점		처리방법
	스트로크	매치	
OB되었을 때	1타	1타	그 타수와 1개 벌점으로 제3타를 다시 친다.
볼이 분실되었을 때	1타	1타	위와 같은 방법으로 조치
티업을 한 볼이 헛 스윙을 했으나 그대로 있을때			헛 스윙 1타. 그리고 그상태에서 다시 친다. 다시 티업을 하려고 볼을 만지면 3타의 벌점(주워올린 벌 1타, 리플레이스를 하지 않은 벌 2타)
헛 스윙을 하여 볼이 티에서 떨어졌을 때			헛 스윙 1타로 떨어진 장소에서 그대로 친다(제2타).
친 볼이 잘못 맞아 티 마커 옆에 떨어졌을 때	무벌	무벌	무벌로 티 마크를 치우고 제 2타를 친다. 단, 친후에는 반드시 티 마크를 원위치에 갖다 놓아야 한다.

(계속)

예문	벌점		처리방법
	스트로크	매치	
스윙하기 전에 헤드로 조정하다 볼이 떨어졌을 때	무벌	무벌	아직 인플레이가 안되었으므로 티업을 다시 하고 친다.
동반 경기자에게 사용할 클럽을 물으면	2타	홀패	조언을 구해도 대답할 수 없다. 자기의 캐디에게 물을 것.
타인의 볼을 빌려서 티샷을 했을 때	무벌	무벌	타인의 볼일지라도 인플레이 전의 일이기 때문에 괜찮다. 그러나 그 볼을 홀 아웃까지 해야 한다.
캐디가 준 볼이 타인의 볼인데 그것을 모르고 티샷을 했을 때	무벌	무벌	위와 같다.
순서를 잘못알고 티샷을 했으며 이것이 OB되었을 때	1타	상대방이 다시 칠것을 요구 할 수 있다.	스트로크 플레이시는 OB조치를 한다. 그러나 제 3타를 티에서 치게 된다. 매치 플레이시 상대방의 요구가 있으면 다시 칠 수 있으나 그렇지 않을 경우는 OB 조치 한다.
티에서 멀어지고 있는 상태에서 불을 티샷 햇을때	무벌	무벌	아직 인플레이상대가 아니기 때문에 무벌, 친볼 1타만을 계산한다.
티 마크보다 앞에서 (구역외) 티업하고 쳤을때	2타	상대방의 요구가 있으면 다시 친다. 없으면 그대로 조치	스트로크 플레이는 2벌점 그리고 구역내에서 다시 친다. 타수는 계산치 않는다(즉, 제 3번째 타수이다).

(계속)

예문	벌점		처리방법
	스트로크	매치	
티잉 그라운드의 구역 외에서 친 볼이 OB또는 분실하거나 연못에 들어갔을 때	2타	상대방의 요구가 있을 때 다시 무벌점으로 친다. 없으면 그대로 친다.	스트로크 플레이에서는 구역 외에서 치면 2벌타 그리고 구역 내에서 다시 친다. 이 때 티업을 해도 좋으며 OB, 분실 혹은 연못에 들어간 벌은 없다.
티잉 그라운드의 구역 내라는 범위는			티 마크 앞쪽(그린 방향)의 선을 전방의 한면으로 하고 2클럽(드라이버도 좋다)정도의 길이의 선을 연결한 정방형 구역 내.
티업한 볼은 구역 내지만 스탠스(혹은 경기자의 몸체)가 구역 외에 있을 때	무벌	무벌	티업한 위치가 구역 내라면 좋다.
경기 도중 어느 홀에서 티잉 그라운드 혹은 티 마커를 잘못 알고 쳤다.	2타	다시 칠것을 요구할 때는 다시 친다.	정규의 티 라운드에서 다시 쳐야 한다.(OB 혹은 분실 등의 벌은 없다.) 만일 다시 치지 않고 그대로 홀 아웃하고 다음 홀에서 제1타를 쳤을 때는 경기 실격
제1타를 잘못쳐서 볼은 티잉 그라운드의 구역 내에 있으며 다음 샷을 다시 티샷하고 쳤을 때	3타	홀패	티에서 제 1타를 하면 이미 인플레이 상태, 다시 주어서 티업하고 친다면 주은 벌 1타 더하기 리플레이스 안한 벌 2타로 계 3벌타가 붙는다. 단, 언플레이어블을 선언하면 제 3타로 티업하고 쳐도 된다.

(계속)

예문	스트로크		처리방법
	스트로크	매치	
잘못쳐서 볼이 티잉 그라운드의 구역 내에 있다. 로컬룰로써 "스루 더 그린"의 6인치 플레이스가 가능한가?			티잉 그라운드의 정의는 그 홀이 완료될 때까지 변하지 않는다. 그러므로 "스루 더 그린"은 아니므로 6인치 플레이스는 불가능하다.
잘못 친 볼을 그대로 치기가 힘들 때 언플레이어블을 선언하면 티업할 수 있는가?	1타	1타	
친 볼이 티 마커나 앞의 나무등에 맞은 다음 티잉 그라운드에 다시 들어왔을 때			티에서 한번 치면 그 뒤쪽의 "티잉 그라운드"는 스루 더 그린 "이다. 그래도 쳐야 한다. 칠 수 없을 때는 "언블레이블"을 선언해도 좋다.
티업하고 볼의 뒷면 잔디를 발로 다졌을 때	무벌	무벌	인 플레이 전이기 때문에 무벌
친 볼의 방향을 확인하기 위하여 모자 혹은 클럽을 표시로 놓은채 볼을 쳤다.	2타	홀패	표시는 스트로크 전에 없애야 한다. 깃대의 위치, 방향 등을 알아 보는 것은 괜찮으나 그 선상에 표시를 놓은 채로 치면 2벌타
"페어웨이"(짧게 깍은 잔디)에 박힌 볼은			그 볼을 집어 홀에 가깝지 않고 전 위치에 가까운 곳에 벌 없이 드롭해야한다. 흙은 닦을 수 있다.

세컨 샷(제 3타 포함) 시 발생하기 쉬운 상황

예문	벌점		처리방법
	스트로크	매치	
백스윙 찰나(Take back) 볼이 움직여서 그대로 쳤다.	1타	1타	"어드레스"후에 움직인 것이기 때문에 1타를 가하고 볼이 정지한 다음 경기를 계속하여야 한다.
나무뿌리 속에 박혀 있어 플레이 하기 어려울 때	1타	1타	언플레이어블로 구제 조치를 해야하며 다음 3가지중 한 조치를 한다. 1. 1타 가하고 원위치에서 다시 친다. 2. 2클럽 길이의 범위에서 깃대에 가깝지 않은 곳으로부터 드롭. 3. 깃대와 볼의 위치를 연결하는 바로 뒤 (거리에 관계 없음)에서 드롭
볼이 수리지에 들어갔을 때	무벌	무벌	깃대에 가까지 않고 볼의 위치와 가장 가까운, 수리지외의 장해가 되지 않는 곳인 1클럽 거리이내에서 드롭한다. 수리지를 표시하는 백색선은 수리지 내로 간주한다.
수리지에서 그대로 볼을 쳤을 때			그대로 쳐도 규칙에 위반되지 않는다. 그러나 로컬 룰로써 플레이를 금지하는 경우도 있기 때문에 규정에 따라 처리해야 한다.
페어웨이에 있는 볼을 까마귀 혹은 개가 물고가서 없어졌을 때	무벌	무벌	누군가가 그것을 봤을 때는 볼이 있던 지점에서 드롭하여 무벌로 쳐도 괜찮으나 갖고 갔을

(계속)

예문	스트로크		처리방법
	스트로크	매치	
			것이라고 생각하는 것만으로는 분실구로 처리해야 한다.
남의 볼을 잘못하여 자기 볼인줄 알고 쳤을 때	2타. 해저드 내의 오구는 별도	홀패	2벌타를 가하고 다시 자기의 볼로 플레이 해야한다. 오구의 타수는 계산에 넣지 않는다.
볼과 깃대의 일직선상의 표시로 클럽을 놓고 쳤을 때	2타	홀패	방향을 알아보는 것은 좋으나 그 선상에 표시를 놓은 채로 치면 안된다.
볼에 심한 상처가 있어 제 2타에서 볼을 교체할 수 잇는가?	동반자의 입회가 필요하며 무단히 교체할 경우 2벌타	동반자의 입회가 필요하며 무단히 교체할 경우 홀패	그 홀에서 생긴 상처라면 바꿔도 좋다. 다른 볼을 첫 번째의 볼 위치에 정확히 놓아야 한다. 그때 상대방 혹은 동반자의 입회가 필요하다.
친 볼이 자기의 백에 맞았다.	2타	홀패	볼이 정지한 지점에서 플레이한다.
친 볼이 다른 사람의 백에 맞았다.	무벌	홀패	볼이 멈춘 지점에서 플레이해야 한다.
친 볼이 3인 혹은 4인의 공용 카트 또는 백에 맞았다.	2타	홀패	자기의 카트 혹은 백에 맞힌 것으로 처리. 볼이 정지한 장소에서 플레이한다.
볼이 코스 내에서 움직이고 있는 작업차에 떨어져 그대로 가버렸다.	무벌	무벌	볼이 차에 실린 지점에서 다른 볼을 홀에 가깝지 않은 곳으로부터 드롭한다.

(계속)

예문	스트로크		처리방법
	스트로크	매치	
플레이 중 앞조가 밀려 있어 볼을 2, 3개 꺼내 연습했다.	2타	홀패	한 홀의 플레이 중에는 연습 스트로크는 할수 없다(연습스윙은 괜찮다).
페어웨이에서 볼 근처의 작은 죽은 나뭇가지를 없앴다.	무벌	무벌	작은 나뭇가지는 “루스 임페디먼트”이기 때문에 없애도 괜찮다.
볼 근처의 작은 나뭇가지를 치우다가 볼을 움직였다.	1타	1타	원 위치에 플레이스하고 쳐야 한다.
페어웨이에서 볼이 진흙이 묻어서 볼을 주워 닦았다.	1타	1타	볼을 닦는 경우는 1. 지면에 박힌 볼 2. 언플레이어블 3. 장해물 4. 캐주월워터 5. 워터 해저드 등과 그린 위에 한한다.
볼을 찾을 때 잘못하여 자기의 발로 밟거나 차서 움직였을 경우	1타	1타	전위치에 플레이스하고 친다.
볼을 찾는 도중 모르고 동반 경기자의 보를 움직이고 말았다.	무벌	무벌	움직인 볼은 원위치에 놓는다.
볼이 도로상에 있어 치지 못할 경우	무벌	무벌	도로의 인공표면과 측면은 장해물이기 때문에 홀에 가까지 않고 원위치에 가까운 곳으로부터 장애물을 피할 수 있는 지점을 정하고 그곳에서 1클럽 범위 내에서 드롭

(계속)

예문	스트로크		처리방법
	스트로크	매치	
볼을 찾을 때 동반자의 볼을 줍거나 움직이게 했을 때	무벌	움직이게 한 사람에게 1벌타	움직인 볼은 원위치에 갖다 놓는다.
볼이 나무 위에 놓여있어서 볼은 보이지만 칠 수가 없을 때	1타	1타	“언플레이블”을 선언하고 처리. 1타 부가하고 전의 원위치에서 다시 치든가, 볼의 바로 밑을 기점으로 조치
볼이 나무 위에 놓여있어서 떨어지지 않고 볼 자체가 안보일 때	분실구 처리 1타	1타	볼이 안보일 때는 “언플레이어블”이 될 수 없다. 분실구로 보아야 한다.
볼이 나뭇가지에 얽혀 있어 나무를 휘거나 클럽을 던져 볼을 떨어트렸을 때	1타	1타	고의로 인플레이어볼을 움직인 결과가 된다. 1벌타하고 원위치에 두어야 하나 불가능 할 때“언플레이어블”로 조치
나뭇가지에 있는 볼을 올라가서 쳤을 때			나무에 올라가서 친 것은 괜찮으나 도중에 볼이 떨어지면 1벌타. 볼의 처리는 위와 같다.
볼의 뒷면 잔디 등을 클럽이나 발로 밟아준 행위	2타	홀패	고정물, 생장물을 움직이거나 휘고 잘라서는 안된다.
러프에 떨어진 볼을 확인하기 위하여 풀을 움직였을 때	무벌	무벌	긴 풀이 있는 곳에 볼이 있을 경우 이를 확인할 정도의 풀을 움직이는 것은 좋으나 볼의 라이를 개선할 정도면 2벌타, 만일 볼을 움직이면 또다시 1벌타 하고 원위치에 놓아야 한다.

(계속)

예문	스트로크		처리방법
	스트로크	매치	
볼이 벙커 고무래에 걸려 있어 이를 치우면서 볼을 움직였을 때	무벌	무벌	벙커 고무래는 움직일 수 있는 장해물이어서 움직여도 좋다. 이 때 만약 볼이 움직이면 원위치에 플레이스. 벙커 밖에서 움직여 벙커 속으로 들어가면 원위치인 벙커 밖에 플레이스 한다.
볼이 철망에 접하여 칠 수 없을 때	무벌	무벌	홀에 가깝지 않고 볼의 원위치로부터 가장 가까운 지점에서 1클럽 길이 이내 지점을 정하고 드롭한다.
어드레스 하려다가 볼이 움직였다.	1타	1타	1타 부가하고 볼이 정지한 지점에서 친다.
볼이 나무뿌리 위에 놓여 있어 반대편을 쳐야할 경우 클럽 페이스의 반대편으로 쳐도 되는가?	무벌	무벌	규칙에는 클럽의 솔(밑면)로 치면 안되게 되어 있으나 페이스로 치면 무방하다.
친 볼이 두 쪽으로 갈라졌을 때	무벌	무벌	타수는 계산하지 않고 친 장소에서 다시 친다. 이때 친 볼의 OB혹은 워터 해저드에 들어가도 관계는 없다.
2개의 볼이 같은 장소에 떨어져 있으며 상표와 번호가 같은 경우			판단이 안될 때는 2개 모드 분실구로 처리, 그러므로 2명이 다시 원위치에 가서 쳐야 된다. 만일 그것이 티에서 친 제 1타 였다면 제 3타째가 된다. 출발 전

(계속)

예문	스트로크		처리방법
	스트로크	매치	
			티에서 상표 번호를 확인, 같은 번호는 피하는게 좋다.
규칙상 1클럽 혹은 2클럽길이 이내에 드롭할 경우 어떤 클럽으로 측정하는가?			어떠한 클럽이라도 좋다.
드롭한 볼이 경사가 져서 OB안으로 굴러버렸을 때	무벌	무벌	벌 없이 다시 드롭한다.
경사 때문에 몇 번 드롭해도 볼이 굴러서 규정된 범위 밖으로 벗어날 때			두 번 드롭해서 볼이 멈추지 않을 때는 두 번째 드롭할 때 볼이 떨어진 지점에서 플레이스 한다.
볼이 거리표지에 접해있어 칠 수가 없을 때			움직일 수 있는 장해물이면 이것을 뺀다음 치면 된다. 만일 빠지지 않을 때는 움직일 수 없는 장애물로 취급하고 조치한다.
OB 경계선은 말뚝의 어느 쪽으로 한계를 짓는가?			말뚝의 스루 더 그린쪽, 지면의 안쪽선이 기준이며 선에 조금이라도 걸려 있으면 OB볼이 아니다.
볼이 OB말뚝에 접해 있으나 OB가 아닐 경우 말뚝을 뽑고 쳐도 좋은가?	뽑고 치면 2벌타	홀패	플레이어블로 처리해야 한다.
페어웨이의 고인 물중에 볼이 있을 때			이것은 캐주얼 워터이므로 홀에서 가깝지 않고 볼로부터 가장 가까운 곳에서 물을 피할 수 있는

(계속)

예문	스트로크		처리방법
	스트로크	매치	
			지점을 결정 한다. 그곳에서 홀에 가깝지 않은 곳으로부터 1클럽 길이 이내에 드롭, 구제의 정도는 발로 밟아 물이 괴일 정도
잔디에 물이 질퍽거리거나 표면에는 물이 없을 때 캐주얼 워터로 처리되는가?			물이 안 보여도 밟아서 물이 괴일 때는 동반자에게 확인하고 캐주얼 워터로 처리해도 좋다.
캐주얼 워터로부터 구제를 받고 드롭할 경우 볼을 닦아도 되는가?	무벌	무벌	닦아도 된다.
나무를 심기 위하여 파 놓은 구덩이에 볼이 떨어졌을 때 수리지로부터의 구제가 되는가?			수리지는 표시를 해두어야 하나 만일 표시가 없어도 그러한 경우 수리지로서 구제가 된다.
티샷을 잘해 페어웨이 중앙에 멈추었을 것이라고 생각했는데 볼이 안보이고 옆홀의 플레이어가 잘못하여 치고간듯 할 때	1타	1타	옆의 플레이어가 잘못친 것을 캐디 혹은 동반자가 확인 했다면 그 근처에 무벌로 볼을 드롭할 수 있으나 확인 없이 그랬을 것이다라는 생각만으론 분실구로 처리해야 한다.
볼이 배수구에 들어가 없어 졌을 때	1타	1타	로컬룰로 특별히 명시하지 않을 경우 워터 해저드의 처리를 한다.

(계속)

예문	스트로크		처리방법
	스트로크	매치	
페어웨이 안 배수구에 볼이 들어가 약 20미터 정도 굴러서 그린 가까운 거리에가 있을 때	1타	1타	로컬룰로써 구제조치를 확실히 하지 않는 한 1벌타로 하고 볼이 들어간 지점 배수구 입구에 놓고 2클럽 이내에 홀이 가깝지 않은 곳에서 드롭한다.
볼이 배수구 가장자리에 있어 배수구 덮개 위에 서서 스탠스를 취하여야 할 때 구제되는가?	무벌	무벌	의도하는 스탠스가 되지 않을 경우 움직이지 않는 장해물로서 구제를 받을 수 있다.
OB 또는 분실구로 되어 제2, 제3타를 한 다음 가보니 전의 볼이 OB가 아니었거나 볼을 찾았을 경우 먼저 볼을 칠 수 있는가?	무벌	무벌	처음의 볼이 있을 것 이라 생각했던 지역보다 홀에 가까운 지점에서 잠정구가 인플레이 볼로 되어 처음의 볼은 OB혹은 분실구로 된다.
페어웨이에 볼이 두 개가 같이 있어 칠 수가 없을 때			플레이에 방해가 되는 볼이므로 먼저 칠 플레이어가 다른 사람에게 볼을 집기를 요구할 수 있다. 또 자기 것을 먼저 잡아도 된다. 집은 볼은 다른 한 사람이 친 후에 그 자리에 플레이스 한다.
실수로 클럽 머리로 건드려 볼이 움직였을 때	1타	1타	인플레이의 볼을 잘못 움직인 경우가 되므로 1벌타을 받고 원위치에 갖다 놓는다. 이때 리플레이스를 하지 않으면 다시 2벌타를 받게 된다.

(계속)

예문	스트로크		처리방법
	스트로크	매치	
볼이 다른 홀의 퍼팅그린에 놓여 있을 때	무벌	무벌	밖에 치는 지점을 정하고 그 볼로부터 1클럽 길이 이내의 지점에 놓이도록 드롭한다.
2타를 쳐서 연못에 넣어버린 후 가지고 온 볼을 다 써버렸다. 그래서 동반경기자로부터 볼을 빌려 쳤을 경우	무벌	무벌	클럽은 타인으로부터 차용해서는 안되지만 볼은 차용할 수 있다.
6인치 플레이스를 허용받고 있었으나 그 범위 내에 디보트를 메운 흙에 덮여 있기 때문에 그 흙을 제거하고 잔디 위에서 볼을 쳤을 때	2타		모래 또는 흙을 제거하고 스트로크한다면 라이의 개선이 된다. 그린 위에 한해서 모래 또는 흙부스러기의 토양은 루스 임페디먼트로 되기 때문에 이 경우는 없애도 좋다.
드라이버 2개, 퍼터 2개 또는 웨지 2개등을 백속에 넣어가지고 플레이하는 사람이 있는데 그래도 되는가?			14개 이내라면 클럽의 구성은 본인의 자유다. 그러나 클럽의 차용은 허용되지 않는다.

워터 헤저드에서 발생하기 쉬운 상황

예문	스트로크		처리방법
	스트로크	매치	
볼이 연못에 빠졌을 때 어디서 드롭을 해야 하는가?	1타	1타	1타를 가하고 볼이 경계선을 최후로 넘어간 지점과 홀을 연결하는 선상의 후방 또는 워터 해저드에 빠진 볼을 플레이한 전 위치에 가능하면 가까운 지점에서 다시 친다.
볼이 경계를 표시하는 나무 말뚝의 구역 내(워터 해저드)에 들어갔으나 물이 없어 볼을 칠 수 있는 경우	무벌	무벌	벌없이 그 볼을 스트로크 해도 좋다. 즉 클럽을 지면에 대거나 백스윙할 때에 지면에 또는 물, 루스 임페디먼트에 접촉하면 2벌타
얕은 수중에 볼이 있을 때 스트로크는 가능하다.			벌없이 스트로크 하여도 좋다. 다만, 어드레스 백스윙으로 클럽이 수면에닿지 않도록 주의할 것
워터 해저드의 경계는 나무 말뚝의 연못 쪽인가 아니면 페어웨이 쪽인가?			OB와 동일하다. 나무말뚝의 스루더 그린측이 경계선. 따라서 그 나무 말뚝 자체는 해저드에 든다. 볼이 약간이라도 그 경계선에 걸려 있다면 그것은 연못 쪽의 볼이 된다.
물이 빠져 같이 흘러내려 가는 볼은 쳐도 되는가?	무벌	무벌	볼이 수중에 있을 때에 한해서 움직이고 있는 볼은 쳐도 좋다.

(계속)

예문	스트로크		처리방법
	스트로크	매치	
볼이 래터럴 워터 해저드에 들어갔을 때에는 어디서 드롭해야 하는가(하천 코스 등에서 페어웨이의 우측 또는 좌측에 개울이 있을 경우)?	1타	1타	보통 워터 해저드 처리법 외에도 볼이 최후로 경계선을 넘어간 지점 또는 건너편 기슭의 홀에서 등거리 지점은 어느 쪽이든 홀에 근접하지 않고 2클럽 길이에서 드롭하고, 같은 1타 벌점을 부가한다.
페어웨이를 횡단하고 있는 작은 개울에 볼이 빠져 OB에 흘러 들어갔을 때	1타	1타	OB가 된다. 그 볼을 플레이한 곳에서 다시 친다.
워터 해저드와의 경계를 표시하는 나무를 볼이 접하고 있을 경우			나무말뚝을 뽑아내도 좋지만 보통 나무 말뚝으로부터 1클럽 길이 이내의 홀에 근접하지 않는 지점에 드롭한다. 나무 말뚝은 가능한 한 뽑아내지 않는 것이 좋다.
물이 없는 워터 해저드와의 경계를 표시 하는 나무를 볼이 접하고 있을 경우			스트로크 전에 지면이나 수면에 접촉 시켜서는 안되지만 어드레스나 백스윙 등으로 긴 풀, 나무 등에 닿게 되는 것은 무방하다.
워터 해저드위에 걸려 있는 다리 위에 볼이 멈추어 있는 경우			워터 해저드안의 볼이므로 칠 수 있으면 그대로 치든가 아니면 워터 해저드 처리를 한다.

벙커에서 발생하기 쉬운 상황

예문	스트로크		처리방법
	스트로크	매치	
백스윙으로 클럽 헤드가 모래에 저촉 되었을 경우	2타	홀패	벙커에서는 임팩트 할 경우 모래에 닿는 이외에는 백스윙을 하였을 때라도 모레에 저촉해서는 안된다.
벙커 안에서 샷 직전에 연습 스윙 행동을 2-3번 한다면(물론 모래에는 조금도 닿지 않도록 조심을 하면서 했지만)	무벌	무벌	스윙연습은 연습 스트로크가 아니기 때문에 규칙에 저촉되지 않는 한 어떠한 장소에서 해도 좋다.
벙커 샷을 헛 스윙해서 클럽의 소울이 모래에 닿았다면			이것은 "샷" 하였기 때문에 벌은 없다. 헛스윙의 1타만 카운트 될 뿐이다.
치기 전에 벙커내의 모래의 울퉁불퉁한 지면을 평평하게 했다면	2타	홀패	사면에 대한 테스트로 2벌타
첫 스트로크에서 볼이 동일한 벙커 내로 다시 들어갔기 때문에 처음에 친 모래 자국을 스파이크로 골라서 평평히 하였을 경우	무벌	무벌	2번째 또는 3번째의 샷이 벙커의 턱이나 다른 장해물에 맞아 첫 번째에 평탄하게 한 흔적 위에 볼이 되돌아 왔을 경우에는 라이의 개선이 되어 2벌타가 된다.
스트로크할 때 벙커 내의 작은 나뭇가지나 돌을 주어낸다면	2타	홀패	자기의 볼이 벙커내에 있을 경우에는 벙커내의 작은 나뭇가지나 조그만 돌 등의 루스 임페디먼트에 닿거나 이를 주어서도 안된다.

(계속)

예문	스트로크		처리방법
	스트로크	매치	
벙커 내에서 작칫 잘못으로 타인의 볼을 쳤을 때	무벌	무벌	해저드에서는 잘못된 볼을 타구해도 벌은 없다. 오구의 타수도 가산되지 않는다. 재차 자기의 볼을 치도록 되어 있다.
벙커 전체에 불이 고여 있어 드롭할 장소가 없을 때			1타를 가한다음 볼이 있는 지점과 홀을 연결하는 선상의 벙커 외부의 후방에서 드롭한다.
벙커에서 2개의 볼이 접해있을 경우에는 어떻게 하는가?			깃대에서 먼쪽의 볼을 먼저 타구하지만 깃대에 가깝게 잇는 쪽의 사람은 볼을 집어 자기가 때렸을 때의 원위치로 되돌아와서 친다. 만일 먼저 친 사람의 샷으로 지면의 모래상태가 변하였을 경우에는 그 자리를 원래의 상태대로 복원한 뒤 플레이 한다.
볼이 모래 속에 파묻혀 있어 제대로 분별하기 곤란한 경우			볼의 일부분이 보이는 범위 내에서 손으로 모래를 제거해 내도 좋다. 만일 어디에 파묻혀 있는지 보이지 않을 때에는 분실구로 취급하게 된다.
벙커를 고르는 기구에 볼이 멈추어 있을때 어떻게 해야 하는가?			벙커를 고르는 기구는 움직일 수 있는 장해물 이므로 이것은 제거해도 좋다. 그 때 볼이 움직여도 벌없이 원위치에 플레이스

(계속)

예문	스트로크		처리방법
	스트로크	매치	
			한다. 만일 벙커에 굴러 들어갔어도 원위치에 되돌려 놓을 것
깊은 벙커의 턱 또는 아무래도 칠 수 없는 상태에 있을 경우			언플레이블을 선언하고 1타를 가한후 다음 3개의 항목 중 어느 하나의 조치를 취한다. 1. 그곳에서 홀에 근접하지 않고 2클럽 길이 이내의 동일 벙커 안에 드롭 한다. 2. 볼과 홀을 연결하고 선의 후방 동일 벙커 내에 드롭 한다. 이것은 같은 벙커 내라면 2클럽 길이 이상 후방에 서도 가능하다. 3. 벙커에 넣으면 그 샷한 지점(전위치)에 되돌아와서 치다. 말하자면 제2타에서 벙커에 넣으면 제2타 지점에 되돌아와 치는 것이 된다. 이것은 불가능하다고 생각하는 사람이 많기 때문이다.
벙커에서 팔로우스루 할 때 또는 볼이 2번 클럽에 맞아 버리고 말았을 경우			벙커 내에 국한된 것은 아니지만 1스트로크 볼을 2번 쳤을 때는 그 스트로크를 1타로 하고 1벌타를 가해서 스코어는 계 2타로 계산한다.
벙커에서 친 볼이 깃대 또는 깃발에 휘감겨서 떨어지지 않을 때			

(계속)

예문	스트로크		처리방법
	스트로크	매치	
깃발에 휘감긴 볼이 깃발 또는 깃대를 움직였더니 운 좋게도 홀에 들어가 버렸을 때			손으로 깃대를 움직였기 때문에 떨어져 들어간 것으로 스트로크 한 것이 아니기 때문에 홀 인으로 인정하지 않는다. 윗항과 마찬가지로 홀 가장자리에 놓고 다시 쳐야 한다.
벙커에서 스트로크한 볼이 깃대에 맞았을 때	무벌	무벌	벌없이 멈춘 곳에서 플레이한다.
벙커에서 친 볼이 그린 위의 타인의 볼에 맞았을 경우	무벌	맞힌 볼은 정지한 곳에서 플레이해도 좋으며 또한 전위치로 되돌아가거나 아무래도 좋다.	맞힌 쪽의 볼은 정지한 곳에서 플레이. 또는 그대로 홀 안에 들어갔다면 물론 홀인 된다. 또한 맞혀진 쪽은 원위치에 되돌려 보낸다. 맞혀진 그대로 홀인 했어도 이것은 인정되지 않는다. 원위치에 되돌아가서 플레이한다.
벙커에서 스트로크한 자기 볼이 벙커 앞턱에 맞아 튕기면서 자기 몸에 닿았을 때	2타	홀패	자기 몸뿐만 아니라 클럽, 휴대품, 자기 캐디에 맞아도 마찬가지이며 볼이 정지한 곳에서 플레이 한다.
벙커 샷을 했을 때 볼이 전방에 흙더미에 부딪혀 되돌아 왔다. 그리고 자기의 발꿈치에 접하여서 정지하였을 때	2타	홀패	이 때에는 발을 움직이면 볼이 움직일지도 모르지만 무방하다. 이러한 경우 볼이 완전히 정지한 곳에서 2벌타를 가하고 플레이한다.

(계속)

예문	스트로크		처리방법
	스트로크	매치	
그린 밖에서 찬 볼이 깃대에 맞았을 때	무벌	무벌	볼이 정지한 곳에서 플레이. 만일 그대로 홀에 들어가면 홀인이 된다.

그린 근처(그린 밖)에서 발생하기 쉬운 상황

예문	스트로크		처리방법
	스트로크	매치	
그린 밖에서 친 볼이 그린 위에 있는 다른 볼에 맞았을 때	무벌	맞힌 볼은 정지한 곳으로부터 플레이 해도 좋다. 또는 다시 전 위치에 되돌아가거나 아무래도 좋다.	스트로크 플레이 때에는 맞힌 쪽의 볼은 정지한 곳에서 플레이한다. 맞힌 쪽은 전 위치에서 플레이 한다.
그린 밖에서 치 볼이 구르고 있는 것을 반대측에 있는 동반경기자가 클럽으로 멈추게 했다.	멈추게 한 사람에게 2벌타, 혹은 실격	홀패	볼이 국외자에 의해서 고의적으로 멈추게 한 경우이므로 제 11조의 공정이념에 입각해서 처리한다. 클럽으로 볼을 멈추게 한 플레이어에 대해서는 2벌타의 벌 또는 실격이 된다. 멈추어진 쪽은 볼이 정지한 곳에서 벌없이 친다.
그린 밖의 볼보다도 그린 위에 있는 볼쪽이 홀로부터 먼곳에 있는 경우 어느 쪽을 쳐야 하는가?	무벌	상대방에게 다시 치라고 요구 할 수가 있다. 최초에 친 스트로크는 계산치 않는다.	먼 곳의 볼을 먼저 치는 것이 원칙이지만 그린위의 먼쪽이 먼저 치는 격이 되므로 스트로크 플레이에서 상황에 따라서 그린 밖에 있는 가까운 쪽을 먼저 쳐도 벌은 없다. 그린 위의볼은 아무리 멀어도 그린 밖의 가까운 볼이 우선한다. 그러므로 그린 밖의 볼을 먼저 친다.

(계속)

예문	스트로크		처리방법
	스트로크	매치	
그린 밖에서 친 볼이 운좋게도 홀과 깃대와의 사이에 끼어 있으나 볼은 홀에 들어가지 않았을 경우			그 상태 자체는 아직 홀인이라고는 인정되지 않는다. 깃대를 약간 뽑아서 볼이 그대로 홀에 들어갔다면 홀인된 것이다.
그린 밖에서 친 A라는 사람의 볼이 홀에 들어갈 듯 싶어서 B라는 사람이 서둘러 깃대를 뽑았을 경우	고의로 깃대를 뽑으면 B에게 2벌타	홀패	볼이 움직이고 있는 동안 깃발이 꽂혀 있는 장소에 가서 깃대를 뽑아서는 안된다.
그린 밖에서 두명이 동시에 친 볼이 충돌했을 경우	무벌	멀리서 친사람이 가까운데서 친 사람에게 재타를 요구할 수 있다. 본인은 그대로	스트로크 플레이 때는 양측이 멈춘 지점에서 플레이
그린 밖에서 치기 전에 깃대를 뽑을 수 있는가?			뽑아낼 수 있다.
그린 밖에서 칠 때에 그린 위에 놓여 잇는 다른 볼이 방해가 될 경우 마크하는 것을 요청 할 수 있는가?	거절하면 실격	거절하면 홀패	마크해 줄 것을 요구할 수도 있다. 만일 동반자가 거부한다면 그 볼을 치워도 된다.
그린 밖에서 칠 때에 캐디에게 깃대를 들고 서 있게 할 수 있는가?			할 수 있다.

(계속)

예문	스트로크		처리방법
	스트로크	매치	
포대형으로 높게 되어 있는 그린에서 깃발이 잘 보이지 않을 때 또는 홀의 위치가 잘 보이지 않을 때에 동반경기자에게 방향을 물어봐도 좋은가?			기가 어디에 서 있는지 그 방향 등은 물어도 좋고 동반자에게 알려줘도 괜찮으나 볼을 칠 때에 방향 쪽에 서 있거나 표적을 하거나 하면 스트로크 프레이 때는 2벌타, 매치 플레이는 그 홀의 패
그린 밖 80미터 지점에서 친 볼이 그린 위의 타인의 볼에 맞았으나 맞은 볼의 원위치를 잘 모른다.		맞혀진 볼은 정지한 장소에서 플레이해도 좋다. 또한 전 위치에 되돌려 놓거나 아무래도 좋다.	정지하고 있는 볼이 국외자에 의해서 움직여진 경우지만 움직여진 볼의 전위치가 이와 같이 확실치 않을 경우에는 전위치에 될 수 있는대로 가까이, 홀에서 근접해 있지 않은 곳에서 플레이하면 된다. 맞힌 쪽은 볼이 정지한 곳에서 벌없이 플레이한다.
사용치 않은 그린에 놓여진 볼은 그린 밖으로 드롭할 때의 장소에 대한 규정이 있는가?	범위를 넘으면 2타	범위를 넘으면 홀패	볼이 차에 실린 지점에서 다른 볼을 홀에 가깝지 않은 곳으로부터 드롭한다.
볼을 발견 할 수 없기 때문에 다시 친 볼을 홀 아웃시킨 후에 앞서 친 볼이 발견되면			다시 친 후에 홀 아웃하고 나면 앞서 친 볼을 발견하여도 이는 무효다. OB의 경우도 동일하다.
1회 마크한 볼을 닦아서 놓고 다음에 칠 때에 다시 볼을 집어도 되는가?			그린 위에서는 볼은 필요에 의해서 몇 번이든 닦아도 된다. 단 마크 할 것을 잊고 있으면 1벌타

(계속)

예문	스트로크		처리방법
	스트로크	매치	
그린 위에 올라와 볼에 흠이 생겼을 경우 볼 교체는 가능한가?	동반자의 입회가 필요	상호 입회가 필요	구한 다음 교체할 수 있다. 마음대로 해서는 안된다. 흠이난 정도는 상식적으로 판단해서 명백히 플레이하는데 지장이 있다고 생각되는 경우에 한다.
그린과 애프론 과의 경계선상에 있는 볼은 그린 위에 잇는 볼로 간주할 수 있는가?			그린 상의 볼이라 하는 정의는 볼이 조금이라도 그린에 접촉하고 있다면 그린 상의 볼이라고 보아야 한다.
마크해서 주워올린 볼을 캐디에게 닦아 달라고 부탁해서 그린 위에 굴려서 건내 줄 경우	2타	홀패	1홀의 플레이를 하는 동안 볼을 굴리거나 또는 볼을 그린에 문지른다는 것은 그린 면을 테스트하는 격이 되므로 그래서는 안된다.
깃대가 꽂힌 채로 퍼터하고 볼이 깃대에 맞았다면	2타	홀패	그린 위에서 플레이 할 때에는 볼이 깃대에 맞으면 2벌타가 부가된다. 맞았을 때에는 볼이 정지한 곳으로부터 플레이 한다. 만일 이것이 들어간다면 홀 아웃이 된다.
캐디가 없어 동반 경기자에게 깃대를 뽑아 달라고 했으나 그 동반자가 깜박 잊고 깃대 뽑지 않아 볼이 맞았을 때에는 벌이 그 사람에게 돌아가는가?	플레이어에게 2타	플레이어의 홀패	깃대를 뽑아 달라고 부탁한 것을 인정한 결과에 대한 책임은 상대방에게는 일체 지울 수 없다. 벌은 친 사람에게 있다.

(계속)

예문	스트로크		처리방법
	스트로크	매치	
깃대를 왼손에 잡고 퍼터를 오른손에 잡고서 볼을 치는 것은	깃대에 닿으면 2타	깃대에 닿으면 홀패	한쪽 손에 깃대를 잡고 다른 손으로 친다는 것은 무방하나 이때 볼이 깃대에 맞았을 경우에는 벌을 받는다.
뽑은 깃대를 그린 위에 놓아 두어서 볼이 깃대에 맞았을 때	2타	홀패	2타를 벌하게 되고 볼이 정지한 장소에서 친다. 같은 조에 잇는 사람이든지 누구나가 그곳에 놓아도 결과는 마찬가지이다.
앞의 조가 깃대를 꽂아 두는 것을 잊어서 그린위에 놓여있는 깃대에 맞았을 때	무벌	무벌	이러한 경우의 깃대는 장해물이기 때문에 벌은 적용되지 않는다. 또한 앞조에게도 벌은 없다.
그린에 1타로 온을 해놓고 가서 보니 다른 볼이 있었다. 앞서 친 플레이어가 마크해 놓고 볼을 잘못 가져갔다. 이때의 처리는	무벌	무벌	정지해 있는 볼이 국외자에 의해 제거된 것이 확인되었기 때문에 즉시 볼을 찾아 원위치에 놓거나 별도의 다른 볼을 가지고 먼저 위치에서 플레이한다.
깃대가 때로는 똑바로 서 있지 않고 기울어진 채로 있는데 퍼트했다면	무벌	무벌	무방하다 다만 깃대에 맞으면 2벌타. 매치 플레이는 그 홀의 패
볼의 바로 옆에 나뭇잎이 있어 그것을 제거해 버리니 볼이 움직였다.	무벌	무벌	먼저 장소에 플레이스하면 된다. 그린 위에서는 루스 임페디먼트를 제거해서 볼이 움직여도 벌이 없다.

(계속)

예문	스트로크		처리방법
	스트로크	매치	
자기의 퍼트선상에 물이 고여 있을 때는 볼을 움직여도 되는가?	무벌	무벌	볼과 홀 선상에 캐주얼 워터가 있는 경우에는 앞서 있던 위치에 가장 근접해서 홀에 가깝지 않은 곳에서 플레이 해도 된다.
그린위에서 퍼트했더니 동반경기자의 정지한 볼에 맞았을 때	2타	무벌	매치 플레이에서는 벌타점이 붙지 않으나 스트로크 플레이에서는 2타 벌점이 붙는다. 상대방 원위치로 되돌아간다. 매치 플레이에서는 그대로 해도 되고, 원위치에 되돌아가서 하거나 아무래도 무방하다.
그린 위에서 A라는 사람의 볼이 B라는 사람의 볼을 맞혀, 맞혀진 A의 볼이 홀에 들어가 버렸을 경우		A의 볼은 홀 아웃으로 인정되어도 1벌타는 붙지 않는다.	스트로크 플레이에서는 2타 벌점이 붙지만 홀 인은 인정이 된다. 맞혀진 B의 볼은 원위치에 되돌려 보낸다.
그린 위에서 A의 볼이 B의 볼을 맞혀 맞혀진 B의 볼이 홀 인 하였을 경우	A에게 2타	B라는 사람은 그전의 스트로크로 홀 아웃 시킨격이 된다.	스트로크 플레이에서는 맞힌 A 쪽은 2벌점이고 정지한곳에서 플레이한다. 얻어 맞은 쪽의 B의 볼은 원위치에 되돌려 보낸다.
그린 밖에서 쳐서 날아온 A의 볼이 그린 상에 있는 B의 볼이 맞혀 A볼이 홀에 들어갔을 때		A는 홀 인 B는 원위치에 되돌려 보내도 되고 그	스트로크 플레이에서는 A는 홀 인, B는 원위치에 되돌려 보낸다.

(계속)

예문	스트로크		처리방법
	스트로크	매치	
		곳에 쳐도 좋다.	
그린 상에서 2명이 동시에 쳐서 충돌하였을 때에는 어느 쪽의 사람이게 벌이 가해지는가?	홀에 가까운 측이 2타	홀에 가까운 측이 홀패	스트로크 플레이에서는 가까운 쪽은 2타 벌점으로 쌍방 모두 다시 치게 된다.
그린 위에서 먼저 친 사람의 볼이 아직도 멈추지 않고 움직이고 있을 때 퍼트했다.	2타	홀패	먼저 친 볼이 멈출 때까지 자기 볼을 대거나 퍼트해서는 안된다.
그린 위에서 두사람이 함께 같은 거리에서 동시에 친 볼이 충돌하였을 때에는	무벌	무벌	스트로크 플레이에서는 쌍방 벌점이 없으며 다시 친다. 매치 플레이에서는 쌍방의 볼이 멈춘 곳에서부터 플레이 한다.
위의 경우 먼저 친 사람의 볼에 다음에 친 사람의 볼이 부딪쳐서 어느 쪽이 든 볼이 홀인 되었을 때	후에 친 사람에게 2타	후에 친사람이 홀패	스트로크 플레이에서는 나중에 친 사람은 2벌타, 쌍방은 다시 치게 된다.
먼저 친 사람의 볼이 홀인 되고 그 볼을 집어 올리지 않은 동안에 다은 친볼이 홀인되어 홀 속에서 충돌하였을 경우먼저	무벌	무벌	먼저 넣은 볼은 홀 아웃이며 플레이를 끝낸 볼이기 때문에 후에 넣은 볼이 홀속에 충돌했어도 벌은 없다.

(계속)

예문	스트로크		처리방법
	스트로크	매치	
홀인한 볼이 홀 속에 있는데 나중에 쳐서 넣은 볼은 홀 아웃되는 것일까?			홀 아웃이라 함은 볼 전체가 홀의 중간에서 정지하고 있는 상태를 말한다. 따라서 홀 아웃이 인정된다.
파 3홀에서 후속조의 볼이 온했기 때문에 그서을 마크해 놓은 볼에 자기 졸에 맞았을 때	무벌	무벌	이 경우의 후속조가 친 볼은 국외자 취급을 하는 것이므로 맞힌 쪽의 볼은 멈춘 곳에서 플레이 한다. 만일 홀 인 한다면 홀 아웃이 인정된다.
퍼트를 했는데 후속조의 볼이 날아와서 자기 볼을 맞혔을 경우			그 때의 스트로크를 취소하고 다시 원위치에서 재차 시도한다.
홀 근처에 간 볼을 그 사람이 마크해 놓았기 때문에 쳐도 좋다고 생각하여 쳤으나 마크가 끝나지 않아 마크 중에 그 볼이 맞았을 경우	2타	무벌	스트로크 플레이에서는 명백히 이쪽의 부주의로 해서 맞힌 것이기 때문에 2벌타로 하고 정지한 곳에서부터 플레이한다.
바람에 의해서 볼이 움직였을 경우	무벌	무벌	분명히 바람이 원인이 되어서 볼이 움직였다면 그 볼이 멈춘 곳에서 플레이한다.
그린 위의 잔디풀이 몽그러진 것을 잘 고츠게 해도 되는가?	상태에 따라 2타	상태에 따라 홀패	볼이 낙하한 흔적 또는 예전에 쓰던 홀 자국은 라인 상의 여하를 불문하고 평평하게 고쳐도

(계속)

예문	스트로크		처리방법
	스트로크	매치	
			이는 무방하다. 스파이크나 발자국 등의 흠집을 고쳐 놓아서는 안된다.
그린 상의 나무 또는 잎사귀 등 잡물을 제거해도 되는가?			이것은 라인 상에 있건 없건 간에 제거해도 좋다.
매치 플레이에서 상대방이 면제 했는데 당연히 들어간다고 생각해서 무의식중에 친 것이 밖으로 튀어 나왔을 때			면제라 함은 퍼트 하는 것을 생략한다는 뜻으로 때려서 들어간 것과 마찬가지로 취급하게 되므로 밖으로 튀어나와도 1스트로크는 되지 않는다. 다만 면제를 거부하고 상대방도 그것을 인정했을 때에는 면제는 취소 된것이다.
홀 아웃한 후 그린 상에 또 다시 연습 퍼트를 하였다.	무벌	무벌	종료한 그린이라면 무방하다. 후속조가 와있을 때에는 양보해야 한다. 다만 로컬룰에서는 금지하고 있는 코스가 있기 때문에 주의를 요한다.
윗 항의 경기가 27홀 또는 36홀일 때 또다시 홀에서 플레이 하는 경우	무벌	무벌	경기 위원이 특별히 지시하지 않는 한 보통 정기적인 라운드라 함은 18홀을 단위로 한다. 따라서 27홀 또는 36홀의 경기에서는 최초의 홀에서 정규적인 라운드가 끝나고 후의 라운드는

(계속)

예문	스트로크		처리방법
	스트로크	매치	
			다시 정규 라운드로 시작된다는 격이 되는 것으로 윗항과 같다. 스코어 카드도 18홀 단위로 제출한다.
그린에서 홀 아웃한 다음 티잉 그라운드와의 사이에서 연습을 위해 볼을 치는 것은 어느 정도 허용되는가?			연습 스트로크(행동은 별도)가 금지되어 있는 것은 “해저드(벙커는 물론 포함)및 지금 홀 아웃을 막 끝낸 그린 이외의 다른 그린 상에서 혹은 그것에 향해서의 연습”이라고 정해 놓고 그것을 범하면 스트로크 플레이에서는 다음 홀에서 2타 벌점. 매치 플레이에서는 다음 홀에서 지게 된다. 따라서 타인에게 폐를 끼치거나 방해가 되지 않는 범위 내에서 약간의 접근 정도면 허용된다.
그린 위에 모래가 덮혀 잇는데 이것을 제거해도 되는가?	무벌	무벌	그린 위에 모래나 흙부스러기는 루스 임페디먼트이므로 플레이시에 장해가 된다고 생각되면 제거해도 된다.
퍼트 선상을 퍼터로 쳐서 평평하게 땅을 고르는 행위는	2타	홀패	라인 상인가 아닌가가 문제다. 만일 라인 상이라고 보인다면 완전히 2벌점. 단, 어드레스 할 때에 볼의 전방에 퍼터 헤드를 놓는 것은 무방하다.

(계속)

예문	스트로크		처리방법
	스트로크	매치	
퍼트 라인의 한쪽에 발꿈치를 걸치고 쳤다면	2타	홀패	퍼트의 라인을 밟고 서는 것은 위반
퍼트 라인에 발을 붙인 채로 때리면	2타	홀패	라인을 발바닥으로 밟는 것은 금지되어 있다.
타인의 퍼트를 선을 밟으면 벌점이 붙는가?	무벌	무벌	규칙상으로는 벌점이 부가되지 않지만 에티켓상 좋지 않다.
퍼터의 반대편으로 치는 것은	무벌	무벌	솔로 치거나 샤프트 또는 그립으로 치면 2벌점. 퍼터 헤드라면 어느 쪽으로 쳐도 된다.
마크하지 않고 잘못으로 주워냈다면	1타받고 다시 친다.	오케이 아니면 1벌하고 플레이스	스트로크 플레이에서는 1벌타를 하고 리플레이스 해서 다시 치지 않으면 경기 실격이 된다.

스코어카드 작성시 발생하기 쉬운 상황

예문	스트로크		처리방법
	스트로크	매치	
스코어는 각 홀이 끝날 때마다 동반경기자 또는 상대방에게 반드시 통보해야 되는 것인가?	타수 확인은 매홀마다 한다.		스트로크 플레이의 경우 타수의 확인은 매홀마다 해야만 된다. 만일 어느 곳의 홀에서 타수에 의문이 생긴다면 위원에게 질문하고 18홀이 끝나서 스코어 카드를 제출 할 때까지 그 사이에는 언제나 정정할 수 있다. 다시 말해 스코어 카드를 제출할 때가 최종적인 것이다. 매치 플레이는 1홀의 플레이 중 언제나 상대 스코어를 확인 해 볼 수 있다. 만일 상대가 말한 타수에 의문이 있을 때에는 그 스트로크를 치기 전에 정정하지 않으면 그 홀에서 패한다.
스코어를 틀리게 기입한 카드를 그대로 제출해 버린 경우	무벌	무벌	사실보다 많이 기입한 경우에는 그대로 채용되고 정정은 불가능하다. 만일 적게 적혀 있을 경우에는 경기 실격이 된다.
동반자가 쓴 자기의 스코어가 틀렸을 때에는	본인의 책임이다.		자기 스코어를 기입하는 동반자를 마커라고 말하는데 가령 마커가 틀렷을경우라도 플레이어가 확인한 것이므로 책임은 마커에게 있는 것이 아니고 본인이 그에 대한 책임을 진다.

(계속)

예문	스트로크		처리방법
	스트로크	매치	
정상적인 스트로크 플레이에서는 사인은 어떻게 하는가?			우선 자기의 스코어를 적는 마커가 정해져 있으며 그 마커가 스코어를 적어 카드에 사인한다. 넘겨지면 스스로 각 홀의 스코어를 확인하고 의문이 있다면 위원에게 질문하여 마커의 서명을 확인한 다음 본인이 사인을 해서 경기 위원에게 제출한다. 제출한 다음에는 일체 정정이 불가능 하다.
각 홀의 스코어는 올바르게 했으나 통계 숫자나 스코어 합계 또는 네트 스코어가 틀렸을 경우에는	경기위원의 책임이다.		플레이어의 책임범위는 각 홀의 스코어 뿐으로 정식 경기에서는 통계 스코어나 전체의 스코어 합계(그로스라한다.) 또는 네트 스코어를 계산하는 것은 경기 위원의 책임이다. 따라서 스코어판의 합계나 네트 숫자가 틀릴 경우 이를 테면 계산 착오는 위원의 책임이다.
스트로크 플레이와 매치 플레이를 겸용(이른바 가로, 세로를 병용)하면서 플레이 할 때는 어느 쪽의 룰을 적용해야 하는가?	스트로크 플레이 규칙의 적용을 받는다.	1타	스트로크 플레이와 매치 플레이를 병용하는 경기 종목은 없으나 스트로크 경기에 참가해서 “가로,세로”의 경기를 할 때에는 당연히 스트로크 플레이 규칙의 지배를 받게 된다.

참고문헌 REFERENCE

1. 국내문헌

고제웅 (2000) GSIS와 인공신경망을 이용한 경관해석, 조선대학교출판부

김덕상 (2006) 당신은 이제 골프왕2, 집사재

대한골프협회(2001) 대한골프협회 자주묻는 골프규칙자료실

마순자 (2003) 자연 풍경 그리고 인간, 아카넷

박금숙 (2010) 박금숙 프로의 실전 골프 및 경기 운영법, 골프먼스리코리아

박영진, 전재홍 (2009) 골프기술향상을 위한 골프클럽 제작과 피팅, 대한미디어

박영진, 홍건, 홍진수, 박성진, 김현덕 (2009) 코스 공략법, 대한 교과서 주식회사

스티브뉴웰 (2006) 골프바이블, 대한미디어

스티브뉴웰 (2008) 스윙바이블, 대한미디어

시노하라오사무 (1999) 토목 조형가 백년의 일, 신조사

오덕성, 문홍길 (2000) 도시설계, 기문당

요시무라 후미에. 최종호 역(2011) 여성을 위한 골프 가이드, 삼호미디어

유복모 (2000) 경관공학, 동명사

유복모 (2000) 지형공간정보론, 동명사

이재필, 김두환, 김석정, 이상재 (2005) 골프코스 설계 시공 관리 및 경영, 도서출판 청연

이장원 (2004) 청주시 우암산 중심의 조망경관 특성 분석, 충북대학교석사논문

이규봉 (2001) 傾斜地 高層아파트 團地의 視覺的 景觀 特性에 관한 硏究, 대한건축학회

임승빈 (1998) 조경이 만드는 도시, 서울대학교출판부

조건진 (2008) 매너골프로 승부하는 비즈니스라운드, 웅진리빙하우스

주종원 (1999) 도시설계, 문운당
체육과학연구원 (2008) 엘리트 골퍼를 위한 골프 컨디셔닝, 대한미디어
한국골프장경영자협회 (2010) www. kgba.co.kr
허재봉 (2008) 국내 스키리조트의 경관계획 특성에 관한 연구, 중앙대학교석사논문
현중영 (1993) 생태관광개발론 도시생태공원의 효율적 운영방안에 관한 연구
홍준희 (2007) 골프 멘탈이 반이다, 대한미디어

2.국외문헌

Michael J. Hurdzan (1996) Golf Course Architecture Design, Construction & Restoration
United States Golf Teachers Fedenation(2008) One Hundred Tip for golf teaching professionals. USGFA

저 자 약 력

▌김현덕(金賢悳)(Kim Hyun-Duck)

경희대학교 체육학과 학사
미국 뉴멕시코대학교 박사(스포츠마케팅 전공)
한국프로골프협회 소속 프로
USGMA(미국골프장경영자협회) 한국지부 사무총장
현 계명대학교 체육대학 교수

▌박남환(朴南煥)(Park Nam-Hwan)

강원대학교 사범대학 체육교육 학사
일본 쯔꾸바대학 체육학 석사(스포츠방법학 전공)
일본 쯔꾸바대학 박사 수료(스포츠사회학 전공)
경북대학교 체육교육학 박사(스포츠사회학 전공)
현 계명대학교 체육대학 교수

▌신홍범(愼弘範)(Shin Hong-bum)

명지대학교 사회체육학과 학사
미국 일리노이 주립대학교 석사(스포츠경영학 전공)
미국 뉴멕시코대학교 박사(스포츠경영학 전공)
현 계명대학교 체육대학 교수

골프의 기본이론과 실제

2012년 3월 10일 초판 인쇄
2012년 3월 15일 초판 발행

저 자 김 현 덕 · 박 남 환 · 신 홍 범
펴낸이 김 중 현
펴낸곳 **녹 문 당**
주 소 서울특별시 마포구 염리동 36-249 202호
전 화 (02) 713-2711 FAX (02) 713-2710
등 록 서울 제 19-100호

ISBN 978-89-88684-69-6 03690 값 17,000원